Julian van Essen

Work-Life-Balance als Herausforderung in der Personalführung

Wie können Führungskräfte die Work-Life-Balance ihrer Mitarbeiter positiv beeinflussen?

Bibliografische Information der Deutschen Nationalbibliothek:

Die Deutsche Nationalbibliothek verzeichnet diese Publikation in der Deutschen Nationalbibliografie; detaillierte bibliografische Daten sind im Internet über http://dnb.d-nb.de abrufbar.

Impressum:

Copyright © Social Plus 2020

Ein Imprint der GRIN Publishing GmbH, München

Druck und Bindung: Books on Demand GmbH, Norderstedt, Germany

Covergestaltung: GRIN Publishing GmbH

Inhaltsverzeichnis

Abbildungs- und Tabellenverzeichnis

1 Einleitung

Work-Life-Balance – dieser arbeitsweltliche Begriff genießt derzeit große Prominenz in Deutschland. So greift etwa eine große Möbelhauskette aus Schweden die Thematik im Rahmen einer aktuellen Werbekampagne auf und bemängelt, dass niemand mehr Zeit zum Schlafen habe, weil sich jeder nur noch um seine *Work-Life-Balance* kümmere (vgl. IKEA Deutschland 2019). Der kritische Grundton des Werbevideos lässt sich auch in der einschlägigen Fachliteratur wiederfinden, im Rahmen welcher das Thema kontrovers diskutiert wird. Kritisch werden vor allem anhaltende, sowohl betrieblich als auch gesellschaftlich herbeigeführte Wandlungsprozesse von Arbeit gesehen, welche unter anderem die *Entgrenzung* und *Subjektivierung von Arbeit* nach sich ziehen (vgl. u.a. Moldaschl / Voß 2002; Gottschall / Voß 2005). Die damit verbundene Auflockerung oder sogar Aufhebung von Grenzen zwischen den Sphären Arbeit und Leben stellt Arbeitnehmer*innen vor die Aufgabe, die Verzahnung zwischen den Lebensbereichen eigenständig zu bewältigen. Dies hat in den vergangenen Jahren vermehrt zu negativen Auswirkungen auf die physische und psychische Gesundheit von Arbeitskräften geführt (vgl. Krause et al. 2010, S. 34). Ein entscheidender Grund dafür ist, dass gerade die Arbeitnehmer*innen, die in zeitlicher und räumlicher *entgrenzten* Arbeitsverhältnissen tätig sind, nicht nur neue Freiheiten wahrnehmen. Oftmals gehen diese mit einer Extensivierung und Intensivierung von Arbeit einher und können sich negativ auf die *Work-Life-Balance* auswirken (vgl. Kratzer 2003).

Auch personalpolitische Konzepte, die das Thema *Work-Life-Balance* aufgreifen und, interessiert an der Gesunderhaltung der Arbeitskräfte, ihren Mitarbeiter*innen Maßnahmen zur Unterstützung bei Vereinbarkeitsproblemen anbieten, rücken häufig in den Mittelpunkt der Kritik. Grund dafür scheint die von Seiten der Wissenschaft angeprangerte fehlerhafte Implementierung betrieblicher Maßnahmen zu sein: Oftmals entstehen Ambivalenzen durch die Aufrechterhaltung von auf Leistung fokussierten Strukturen bei gleichzeitiger Flexibilisierung von Arbeit (siehe dazu vor allem Kratzer et al. 2015). In diesem Zusammenhang werden Führungskräfte häufig in die Verantwortung gerufen. Ihre elementare Bedeutung für die *Work-Life-Balance* von Mitarbeiter*innen scheint in der Fachliteratur unumstritten zu sein (vgl. u.a. Felfe et al. 2017; Collatz / Gudat 2011; Seebacher / Klaus 2004). Auch Sue Campbell Clark erkennt im Rahmen ihrer *Border Theory* die Wichtigkeit von Führungskräften für den *Work-Life-Balance-Prozess* (siehe Kapitel 2.1.2.) und verortet diese als *Border Keepers* [*Grenzwächter*innen*; Übersetzung d. Verf.] (vgl. Clark 2000). Weder der wissenschaftliche Dikurs um die

Möglichkeiten der Einflussnahme von Führungskräften auf die Gesunderhaltung der Mitarbeiterschaft, noch Clarks Theorie berücksichtigen in angemessenem Maße Faktoren, welche die positive Einflussnahme von Personalführenden auf die *Work-Life-Balance* der Mitarbeiter*innen in der Praxis erschweren oder begrenzen können. Dass Führungskräfte, wie jedes Individuum, in sozialen Kontexten nicht völlig frei in ihrem Handeln sind, konstatieren bereits grundlegende Sozialtheorien (vgl. u.a. Habermas 1981, Luhmann 1984). Die Berücksichtigung jener begrenzenden Faktoren scheint daher unumgänglich, um ein Verständnis davon zu erhalten, was die Aufgabe *Work-Life-Balance* für Führungskräfte bedeutet und welche Rolle sie im Balanceprozess der Arbeitnehmer*innen spielen bzw. spielen können. Deshalb macht es sich die vorliegende Arbeit zur Aufgabe, einen Beitrag zur Schließung bestehender Forschungslücken zu leisten. Konkret soll die vorliegende Arbeit zur Beantwortung folgender Fragen beitragen:

Welche Faktoren behindern oder begrenzen Führungskräfte in der (positiven) Einflussnahme auf den Balanceakt zwischen den Sphären und somit bei der Bewältigung der Aufgabe *Work-Life-Balance*?

Und welche Rolle können Führungskräfte im *Work-Life-Balance-Prozess* der Mitarbeiter*innen im Kontext *entgrenzter* Arbeit folglich einnehmen?

Um die aufgeworfenen Forschungsfragen im Rahmen dieser literaturbasierten Arbeit zu beantworten, soll zunächst hinterfragt werden, ob *Work-Life-Balance* vor dem Hintergrund *entgrenzter* Arbeit zur Aufgabe von Führungskräften des unteren und mittleren Managements wird. Darauf aufbauend soll untersucht werden, auf welche Art und Weise Personalführende den Balanceprozess ihrer Mitarbeiter*innen (positiv) beeinflussen können, um dieser Aufgabe gerecht zu werden. Dazu sollen Erkenntnisse aus Arbeits- und Führungsforschung sowie sozialwissenschaftlichen Studien zum Thema *Work-Life-Balance* herangezogen werden. Mit Blick auf die vor allem auf theoretischen Erkenntnissen beruhenden Einflussmöglichkeiten soll im Anschluss die Brücke zur Praxis geschlagen und analysiert werden, welche Faktoren die positive Einflussnahme von Personalverantwortlichen erschweren oder begrenzen können und auf welche Art und Weise sie dies tun. Auf Basis der gewonnenen Erkenntnisse wird das Modell von Sue Campbell Clark abschließend geprüft und ergänzt.

Für die Analyse relevant werden dabei besonders Führungskräfte des unteren und mittleren Managements, also Team- und Abteilungsleiter*innen, Projektleiter*innen und Meister*innen, sein, da vor allem auf diesen Führungsebenen operative

Entscheidungen getroffen werden und sich Wandlungs- und Umstrukturierungs-prozesse am deutlichsten bemerkbar machen (vgl. Faust et al. 2000, S. 80). Das untere und mittlere Management scheint daher als Schnittstelle zwischen dem oberen Management und den ausführenden Mitarbeiter*innen für das Thema *Work-Life-Balance* besonders interessant. Ein branchenspezifischer Interessenfokus soll deshalb nicht gesetzt werden, da davon ausgegangen wird, dass *entgrenzte* Arbeitsformen potenziell fast jede Branche und nahezu jeden Betrieb betreffen können und sich Führungskräfte mit der Aufgabe *Work-Life-Balance* konfrontiert sehen (vgl. Beck et al. 2004, S. 339). Dennoch werden sich die gewonnenen Erkenntnisse nicht auf jeden Betrieb und jede Führungskraft (gleichermaßen) übertragen lassen und sich, bedingt durch die Forschungslage, vor allem an größeren, stärker von der Globalisierung und den damit einhergehenden Konkurrenzbedingungen (vgl. Kastner 2013, S. 20) betroffenen Unternehmen orientieren.

2 *Work-Life-Balance* – Grundlagen und Stand der Forschung

Im Rahmen dieses Kapitels wird zunächst eine für diese Arbeit adäquate Begriffsdefinition für den Terminus *Work-Life-Balance* erarbeitet. In einem zweiten Schritt werden anhaltende gesellschaftliche Wandlungsprozesse dargestellt, um die aktuelle Relevanz des Themas zu verdeutlichen. Darüber hinaus können veränderte arbeitsweltliche Abläufe und Gegebenheiten aufschlussreich in Bezug auf die die (positive) Einflussnahme hemmenden Faktoren sein. Im Zuge dessen erscheint es sinnvoll, auch einen potenziellen Wandel von Führungsarbeit zu berücksichtigen. Abschließend wird das *Work-Life-Balance-Modell* von Sue Campbell Clark vorgestellt. Dadurch sollen Einblicke in den *Work-Life-Balance-Prozess* ermöglicht werden, innerhalb dessen die Rolle von Führungskräften untersucht werden wird.

2.1 Begriffliche Grundlagen

Für *Work-Life-Balance* besteht nach wie vor kein einheitliches Begriffsverständnis (vgl. Resch / Bamberg 2005, S. 171; Mohe et al. 2010, S. 107). Daher erscheint es sinnvoll festzulegen, was im Rahmen dieser Arbeit konkret unter dem Terminus *Work-Life-Balance* verstanden wird. In diesem Kontext sind zunächst auch die begrifflich gegenübergestellten Sphären *Arbeit* und *Leben* klar zu definieren.

2.1.1 Arbeit und Leben

Arbeit, die im Rahmen des *Work-Life-Balance-Diskurses* als Erwerbsarbeit bzw. Erwerbsarbeitszeit verstanden wird (vgl. Spatz 2014, S. 10), ist nach Friedrich Fürstenberg definiert als „ein Grundaspekt menschlicher Lebenswirklichkeit, der durch zielstrebige Auseinandersetzung mit der Umwelt zum Zwecke der Daseinsvorsorge gekennzeichnet wird" (Fürstenberg 1975, S. 16). Im Zuge eines Wertewandels in der Gesellschaft und des Strukturwandels im Bereich der Arbeit (vgl. Kapitel 2.3.) wird ein Verständnis von Arbeit als „Mittel zum Zweck" der Realität scheinbar nicht mehr gerecht. Stattdessen sind nach Frey Arbeit und Beruf als prägende Elemente der Selbstverwirklichung und des Menschseins zu begreifen (vgl. Frey 1996, S. 9). Auch das Verständnis von Erwerbsarbeitszeit bedarf genauerer Betrachtung. So ist diese laut Arbeitszeitgesetz definiert als „die Zeit, die zwischen dem Beginn und dem Ende der Arbeit liegt – und zwar ohne die Ruhepausen" (Bundesministerium für Arbeit und Soziales 2018, S. 11). Im Rahmen der fortschreitenden Flexibilisierung von Arbeitszeit und der damit einhergehenden Extensivierung von Arbeit (siehe Kapitel 2.3.) stellt die vertraglich festgehaltene Arbeitszeit häufig ein Mindestmaß dar (siehe dazu Bornewasser 2013).

Im Rahmen dieser Ausführungen soll Arbeit also, neben ihrer existenzsichernden Funktion, als wichtiger Bestandteil der Selbstverwirklichung betrachtet werden. Als *Arbeitszeit* sollen nicht nur die vertraglich festgehaltene Zeit, sondern darüber hinaus auch ortsunabhängige Mehrarbeit sowie für Arbeit aufgewendete Zeit, die von Arbeitnehmer*innen als Arbeitszeit erlebt wird, aber auch Pausenzeiten verstanden werden.

Ebenso wenig klar definiert ist, was im Kontext der *Work-Life-Balance* unter dem Terminus *Leben* zu verstehen ist. Da dieser der Sphäre *Arbeit* gegenübergestellt wird, könnte man davon ausgehen, dass mit *Leben* Freizeit - im Sinne frei gestaltbarer Zeit - gemeint ist. Diese ist sicherlich ein Bestandteil von Leben. Eine Beschränkung der Sphäre *Leben* auf Freizeit würde jedoch eher einer „fordistisch-tayloristischen Denkweise" (vgl. Kapitel 2.3.) entsprechen (vgl. Kasper / Heinrich 2004, S. 434) und aktuelle gesellschaftliche Entwicklungen außer acht lassen. Auch das Begreifen von Leben als Residualkategorie, der all jene Zeit zugeordnet wird, die nicht Arbeit ist, scheint der Realität nicht in ausreichendem Maße gerecht zu werden (vgl. Papmeyer 2018, S. 45). So sollen im Rahmen dieser Arbeit neben frei gestaltbarer Zeit auch zweckgebundene, beispielsweise für Gartenarbeit aufgewendete Zeit sowie fremdbestimmte, zum Beispiel für die Pflege von Angehörigen verwendete Zeit, der Sphäre *Leben* zugerechnet werden. Opaschowski spricht in diesem Kontext von Dispositionszeit, Obligationszeit und Determinationszeit (vgl. Opaschowski 1976, S. 106ff.).

2.1.2 Work-Life-Balance

Work-Life-Balance findet als Untersuchungsgegenstand vor allem im Zuge der fortschreitenden *Entgrenzung* der Sphären *Arbeit* und *Leben* (vgl. Kapitel 2.3.) Anklang in zahlreichen Fachbereichen. So ist das Thema gerade für die Sozialwissenschaften, vor allem für die Wirtschaftswissenschaften, die (Organisations-)Psychologie und die (Arbeits-)Soziologie, von großem Interessse und bietet fruchtbaren Nährboden für Studien und Diskurse. So vielfältig das Interesse für das Thema in den letzten Jahren gewesen ist, so zahlreich gehen Begriffsdefinitionen aus der Fachliteratur hervor. Ein einheitliches Verständnis von *Work-Life-Balance* scheint derzeit nicht zu existieren (vgl. u.a. Resch 2003, S. 126, Collatz / Gudat 2011, S. 3, Hoff et al. 2005, S. 196). Eine häufig zitierte Definition des Begriffs stammt vom Bundesministerium für Familie, Senioren, Frauen und Jugend: „Work-Life-Balance bedeutet eine neue, intelligente Verzahnung von Arbeits- und Privatleben vor dem Hintergrund einer veränderten und sich dynamisch verändernden Arbeits- und

Lebenswelt" (BMFSFJ 2005, S. 4). Kritisch zu sehen ist, dass der Eindruck erweckt wird, es handle sich bei *Work-Life-Balance* um einen Zustand. Fraglich ist ebenfalls, ob es sich dabei um eine „neue" Verzahnung handelt.

Um zu einer für diese Arbeit adäquaten Begriffsdefinition zu gelangen, erscheint es sinnvoll, Definitionen aus verschiedenen, für die *Work-Life-Balance-Forschung* relevanten Fachbereichen auf Gemeinsamkeiten hin zu analysieren. Da es den Rahmen dieser Arbeit sprengen würde, alle existierenden Definitionen in die Analyse mit einzubeziehen, sollen im Folgenden je Fachbereich eine Definition aus einem Hand- oder Wörterbuch und eine Definition aus *Work-Life-Balance* nahen Forschungstexten betrachtet werden. So soll sichergestellt werden, dass verschiedene wissenschaftliche Perspektiven in die zu erarbeitende Definition des Begriffs einfließen. Da keines der untersuchten Hand- bzw. Wörterbücher aus dem Fachbereich der Wirtschaftswissenschaften eine Definition von *Work-Life-Balance* beinhaltet, sollen fünf ausgewählte Definitionen (vgl. Anhang, Tabelle 1) zur Erschließung eines Begriffsverständnisses dienen.

Nach einer ersten Begutachtung der Definitionen fällt auf, dass *Work-Life-Balance* grundsätzlich auf zwei verschiedene Arten verstanden werden kann, die allerdings eng miteinander verknüpft sind. Diese scheinen aber nicht grundlegend mit der Fachrichtung zusammenzuhängen: So geht aus den Definitionen von Häcker und Stapf sowie Klimpel und Schütte (vgl. Häcker / Stapf 2009, S. 219f.; Klimpel / Schütte 2006, S. 32) hervor, dass es sich bei *Work-Life-Balance* um ein betriebliches Konzept zur Gesunderhaltung der Mitarbeiter*innen handelt [definitorische Gemeinsamkeiten sind in Tabelle 1 farblich hervorgehoben]. Aus den Begriffsdefinitionen von Kratzer et. al., Minssen und Hirsch-Kreinsen und Freier lässt sich eher ein Verständnis im Sinne eines dynamischen und individuellen Zusammenspiels zwischen den Lebensbereichen Erwerbsarbeit und Privatleben erkennen, deren Ausbalancierung von Konflikten oder Bereicherung geprägt sein könne. Die einzige dieser drei Definitionen allerdings, die all die beschriebenen Gemeinsamkeiten beinhaltet, stammt aus dem Handbuch für Arbeits- und Industriesoziologie. Sie wird daher als Verständnisgrundlage des *Work-Life-Balance-Begriffs* für diese Arbeit dienen. *Work-Life-Balance* soll also verstanden werden als ein „bestimmtes Verhältnis zwischen den Bereichen Erwerbsarbeit und Privatleben, [...] das sowohl durch dynamische Veränderlichkeit als auch durch das Bestreben nach Abstimmung und Ausgeglichenheit geprägt ist. [...] Balance betont die Vorläufigkeit und Labilität der Arrangements und unterstreicht zudem die Handlungsperspektive, da sie einen Zustand impliziert, der fortlaufend aktiv hergestellt und erhalten werden muss" (Hirsch-Kreinsen / Minssen 2017, S. 325).

Der von Hirsch-Kreinsen und Minssen beschriebene Balanceprozess von Individuen wird von Betrieben im Rahmen von *Work-Life-Balance-Konzepten* aufgegriffen. Da der Terminus *Work-Life-Balance* aus US-amerikanischen Human-Ressources-Ansätzen stammt und darüber Einzug in den betrieblichen, gesellschaftlichen und wissenschaftlichen Diskurs in den deutschsprachigen Raum fand (vgl. Sauer 2018, S. 184), liegt in diesem Verständnis der Ursprung des Begriffs begründet. In Deutschland erweitert und ersetzt er den Begriff der *Vereinbarkeit von Beruf und Familie*, welcher aufgrund der Fokussierung auf Arbeitnehmerinnen als nicht mehr zeitgemäß gilt (vgl. Bornewasser 2013, S. 190). Die definitorische Dopplung ergibt sich daraus, dass sich im Fachjargon die Kurzform *Work-Life-Balance* gegen kontextabhängige Begriffe wie *Work-Life-Balance-Maßnahmen* oder *Work-Life-Balance-Konzept* durchgesetzt hat. In Anlehnung an Klimpel und Schütte sowie Häcker und Stapf kann *Work-Life-Balance* also auch als personalpolitisches Konzept bzw. als eine Strategie verstanden werden, die die Arbeitnehmer*innen ganzheitlich betrachtet, also sowohl im arbeitsweltlichen als auch im privaten Kontext. Dadurch, dass sie Aspekte wie Arbeitszufriedenheit, soziale Komponenten und die physische und psychische Gesundheit der Arbeitnehmer*innen aufgreift, sollen diese bei der Vereinbarung der Lebensbereiche unterstützt werden (vgl. Klimpel / Schütte 2013, S. 32; Häcker / Stapf 2009, S. 219f.). Damit man diesem Interesse nachkommt, wird häufig auf Maßnahmen zurückgegriffen, von denen sich die Betriebe einen positiven Einfluss auf die *Work-Life-Balance* der Arbeitnehmer*innen erhoffen: Um die Basis für eine differenzierte Diskussion zu schaffen, unterscheiden Mohe, Dorniok und Kaiser zwischen primären, sekundären und tertiären Maßnahmen (vgl. Mohe et al. 2010, S. 109). Primäre Maßnahmen betreffen die Arbeitnehmenden am direktesten und beziehen sich auf Arbeitszeit und Arbeitsort, während im Rahmen sekundärer Maßnahmen in der Regel finanzielle oder soziale Unterstützungsleistungen angeboten werden, die sich nur indirekt auf die Arbeit der Mitarbeiter*innen auswirken. Tertiäre Maßnahmen sollen primäre und sekundäre Maßnahmen unterstützen, indem sie über diese informieren und die grundlegende Haltung des Unternehmens unterstreichen (vgl. ebd.).

Im Rahmen dieser Arbeit soll, um begriffliche Eindeutigkeit zu gewährleisten, von *Work-Life-Balance-Maßnahmen* bzw. *-Konzepten* gesprochen werden, wenn sich auf betriebliche Unterstützungsleistungen bezogen wird. *Work-Life-Balance* soll, mit Verweis auf die Definition von Hirsch-Kreinsen und Minssen, den individuellen Balanceprozess von Arbeitnehmer*innen beschreiben.

2.1.3 Kritik an Begriff und betrieblichen Konzepten der *Work-Life-Balance*

So sehr sich *Work-Life-Balance* zum Modebegriff entwickelt hat, so kritisch wird er unter anderem in der Wissenschaft betrachtet. Kastner bemängelt etwa die definitorische Unschärfe des Begriffs: Weder der Arbeits- noch der Freizeitbegriff seien klar definiert. Unklar sei auch, ob es sich ausschließlich um bezahlte Erwerbsarbeit oder auch um unbezahlte Überstunden handle und wie es sich mit dem Weg zur Arbeitsstätte verhalte (vgl. Kastner 2013, S. 307f.). Darüber hinaus wird kritisiert, dass auch unbezahlte Tätigkeiten, wie die Kindererziehung oder Gartenarbeit zum Bereich der Arbeit gezählt werden können. Andersherum könne Arbeit auch als Entlastung empfunden werden oder sogar ein Hobby sein (vgl. Papmeyer 2018, S. 16f.). Ein zweiter, in der Fachliteratur häufig bemängelter Kritikpunkt ist der normative Begriff der *Balance*. So impliziert der Begriff, dem Bild einer Waage oder Wippe entsprechend, dass eine *Work-Life-Balance* ausschließlich bei einer gleichen Gewichtung der Sphären erreicht werden kann. Im Rahmen des wissenschaftlichen *Work-Life-Balance-Diskurses* besteht allerdings weitestgehend Einigkeit, dass eine Ungleichgewichtung der Lebensbereiche nicht zwangsläufig einer Imbalance gleichen muss (vgl. a.a.O., S. 19f.). Auch selbstgewählte berufliche Auszeiten oder besonders intensive Arbeitsphasen schließen eine gelungene *Work-Life-Balance* nicht aus (vgl. u.a. Abele 2005, Freier 2005). Den zahlreichen kritischen Stimmen hält Manfred Bornewasser entgegen, dass es beim Begriff der Balance mehr um den Prozess des Balancierens als um den Zustand gehe:

> Der Begriff der Balance [...] unterstellt ein eher labiles Gleichgewicht und den Zwang zum permanenten Ausbalancieren konkurrierender Anforderungen. Während Gleichgewicht mit dem Bild von Ruhe und Stabilität verknüpft ist, betont Balance die Notwendigkeit des aktiven Handelns des Einzelnen, um ein unsicheres und immer wieder neu herzustellendes Ergebnis zu erreichen (Bornewasser 2013, S. 196).

Als weiterer Kritikpunkt wird die Bipolarität und vor allem das implizierte Gegeneinander der Sphären bemängelt: „Es scheint, als handle es sich um einen Kampf des Privatlebens gegen das einnehmende Arbeitsleben. Der Beruf kann aber auch durch familiäre Anforderungen beeinträchtigt werden, genauso wie beruflicher Stress das Privatleben erschweren kann." (Blahopoulou 2013, S. 11)

Der Begriff der *Work-Life-Balance* wird darüber hinaus auch dahingehend kritisiert, dass die bestehenden Herrschaftsverhältnisse vernachlässigt werden. Ähnlich wie beim Begriff der *Vereinbarkeit von Beruf und Familie* würden strukturelle Widersprüchlichkeiten verharmlost (vgl. Jürgens 2009, S. 103ff.). Geforderte begriffliche Alternativen zur *Work-Life-Balance* wurden zwar bereits erarbeitet - hier sind besonders die Begriffe der *Life-Domain-Balance* (Ulich / Wiese 2011), des *Verhältnisses der Hauptlebenssphären* (Hoff et al. 2005) und der *Work-Life-Integration* (Kossek / Lambert 2005) zu nennen - konnten sich bis dato aber nicht etablieren (vgl. Kaiser et al. 2010, S. 69).

Neben dem Begriff sind auch Konzepte zur betrieblichen Förderung der *Work-Life-Balance* nicht von Kritik verschont geblieben und sind als sogenanntes „best practice Modell" nicht unumstritten (vgl. Bornewasser 2013, S. 194). Neben einem anhaltenden Diskurs um die Wirtschaftlichkeit der Konzepte wird auch der praktische Nutzen für Mitarbeiter*innen in Frage gestellt. So schreiben sich zahlreiche Unternehmen eine *Work-Life-Balance* freundliche Unternehmenskultur „auf die Fahne", in der Hoffnung, dadurch an Attraktivität für potenzielle Arbeitnehmer*innen zu gewinnen, ohne adäquate Fördermaßnahmen eingerichtet zu haben (vgl. Jürgens 2018, S. 118). Bieten Unternehmen Maßnahmen zur Verbesserung der *Work-Life-Balance* an, werden diese laut Felfe oftmals von den betroffenen Personen wenig genutzt (vgl. Felfe et al. 2017, S. 250). Die Gründe dafür sind verschieden: Beile und Jahnz finden beispielsweise heraus, dass die Maßnahmen oftmals nur für bestimmte Zielgruppen, z.B. Frauen mit Kindern oder Hochqualifizierte, ausgelegt sind und somit große Teile der Belegschaft von vorn herein davon ausschließen (vgl. Beile / Jahnz 2007, S. 98). Auch eine befürchtete karrierehemmende Wirkung der Inanspruchnahme von *Work-Life-Balance* fördernden Maßnahmen, welche oft mit in der Unternehmenskultur verankerten Leistungsansprüchen einhergehen, führt zur Ablehnung betrieblicher Unterstützungsleistungen (vgl. ebd.). Darüber hinaus können auch persönliche und soziale Faktoren, wie etwa das Gefühl des Eingestehens einer Schwäche (vgl. Felfe 2015, S. 255) oder gender- und rollenspezifische Stigmata (siehe die Ausführungen zum „Flexibility Stigma" von Williams, Blair-Loy, Berdahl 2013, S. 228) einen Rückgriff auf *Work-Life-Balance-Maßnahmen* verhindern. Auch die Maßnahmen selbst werden durchaus kritisch gesehen. Zum einen seien sie oftmals lediglich kompensatorischer Natur, also an der Minderung der Auswirkungen bereits bestehender *Work-Life-Balance-Konflikte* orientiert und nicht an der Bekämpfung der eigentlichen Ursprünge interessiert (vgl. Papmeyer 2018, S. 97). Zum anderen stellen aktuelle Studien fest, dass auch solche Maßnahmen, die die Mitarbeiter*innen direkt in der Austarierung der Sphären unterstützen sollen, negative Effekte auf die Inaspruchnehmer*innen haben können: So zeigen erste, im Spiegel veröffentlichte Ergebnisse des im November 2019 erscheinenden 'Fehlzeiten-Reports', dass Telearbeit zwar zu mehr Zufriedenheit, aber auch zu einer Extensivierung von Arbeit und Zunahme von Stress für Arbeitnehmer*innen führt (vgl. „Wer Homeoffice macht, ist öfter erschöpft - aber zufriedener" 2019, mit Bezug auf Badura et al. 2019).

2.2 Die Rolle von Führungskräften im *Work-Life-Balance-Prozess*: Sue Campbell Clarks Border Theory

Um den komplexen und hoch individuellen Prozess der *Work-Life-Balance* zu beleuchten, wurden in der Vergangenheit vor allem im Fachbereich der Psychologie zahlreiche Modelle entwickelt. Diese lassen sich anhand mehrerer Kriterien unterscheiden: Eine Möglichkeit ist es, dazu das Verständnis des Zusammenhangs der Sphären *Arbeit* und *Leben* heranzuziehen (siehe dazu Frone 2003). So lässt sich grob unterscheiden zwischen Modellen, die keine Wechselwirkung zwischen den Sphären erkennen, wie z.B. das *Segmentationsmodell* (vgl. Lambert 1990, S. 249), und solchen, die eine Interaktion zwischen den Sphären vermuten. Als „Extremform" dieser Interaktion wird die vollkommene „Integration" der Lebensbereiche gesehen (vgl. Standen et al. 1999, S. 371ff.). Während die Segmentation der Lebensbereiche, wie es beispielsweise im Rahmen fordistisch-tayloristischer Normalarbeit üblich war, im Zuge der *Entgrenzung von Arbeit* (vgl. Kapitel 2.3.) immer seltener gelebt wird (vgl. Minssen 2019, S. 96), scheint sich das (wissenschaftliche) Interesse für die Integration der Lebensbereiche, auch als *Work-Life-Blending* bezeichnet, in den vergangenen Jahren zu verstärken (vgl. u.a. den normativen Beitrag von Scholz 2018). Grund dafür sind vor allem Entwicklungstendenzen einer betrieblich forcierten Integration, welche allerdings nicht nur von Scholz, sondern unter anderem auch von Kratzer und Sauer kritisch betrachtet werden (vgl. Kratzer / Sauer 2005, S. 106f.). Zahlreiche *Work-Life-Balance-Modelle* beziehen sich auf die Typologie der Interaktion zwischen den Sphären. Zu nennen sind in diesem Zusammenhang vor allem das *Spillover-Modell*, basierend auf dem von Ernst Haas geprägten Begriffs des *Spillover-Effekts* (vgl. Haas 1958), das *Wippenmodell* von Michael Kastner und die *Border Theory* von Sue Campbell Clark (vgl. Kastner 2004 und Clark 2000). Während das *Spillover-Modell* durchlässige Grenzen zwischen den

Sphären sieht und die Möglichkeit einer direkten oder indirekten Auswirkung auf den jeweils anderen Lebensbereich konstatiert (vgl. Lambert 1990, S. 249), löst sich Kastner gänzlich von der Vorstellung einer Gegenüberstellung der Lebensbereiche und stellt den Prozess der *Work-Life-Balance* als Balanceakt zwischen personalen, situationsbezogenen und organisationalen Ressourcen bzw. Anforderungen dar (vgl. Anhang, Abbildung 1). Da Clarks Modell versucht, Zusammenhänge und Einflüsse zwischen den handelnden Akteuren innerhalb des *Work-Life-Balance-Prozesses* herauszustellen und in diesem Zusammenhang auch Aussagen über die Rolle von Führungskräften getroffen werden, scheint die *Border Theory* einen besonders interessanten Ansatz zur Beantwortung der Forschungsfragen darzustellen. Gleichzeitig werden, beispielsweise in der Annahme, dass Akteure aktives Grenzmanagement betreiben müssen, um *Work-Life-Balance* erreichen zu können (vgl. Clark 2000, S. 759) aktuelle gesellschaftliche Entwicklungen, wie etwa die *Subjektivierung von Arbeit* (vgl. Kapitel 2.3.), berücksichtigt. Deshalb soll die Theorie im Folgenden näher betrachtet werden.

Clarks Theorie basiert auf der Feldtheorie von Kurt Lewin (vgl. Lewin 2012, Neuauflage der ursprünglich 1963 verfassten Theorie). Für diese ist der Begriff des *Lebensraums* zentral, welcher „alle inneren und äußeren Kräfte, die auf das Individuum einwirken – und strukturelle Beziehungen zwischen der Person und ihrer Umgebung" (Friedman et al. 2004, S. 287) beschreibt. Clark übernimmt diese Vorstellung für ihre Theorie. Sie stellt Individuen als *Border Crossers [Grenzgänger*innen*, Übersetzung d. Verf.] dar, die zwischen den Domänen *Arbeit* und *Familie* bzw. *Leben* hin- und herwandern (siehe Abbildung 2). Arbeit und Leben werden dabei als zwei unterschiedliche Lebenswelten angesehen, die unter Umständen auf verschiedene Denkmuster, Kulturen und Strukturen zurückgreifen (vgl. Clark 2000, S. 751). *Grenzgänger*innen* sind dabei den Domänen nicht ausgeliefert, sondern werden als handelnde, machtvolle Akteure begriffen, die Einfluss auf ihr Umfeld nehmen können. Dies gilt ebenso für die Grenzen zwischen den Sphären (vgl. ebd.). Ebenfalls relevant für die *Work-Life-Balance* der Individuen und die Gestaltung von Grenzen sind die sogenannten *Border Keepers [Grenzwächter*innen*; wörtl. Übersetzung d. Verf.]. Im Bereich der Familie zählen dazu besonders Partner*innen; aber auch weitere für den/die *Grenzgänger*in* relevante Personen, wie Freunde oder Nachbarn, können eine wichtige Rolle einnehmen (vgl. a.a.O. S. 761). Besonders interessant für diese Arbeit ist, dass Clark Führungskräften einen entscheidenden Einfluss auf das Erreichen von *Work-Life-Balance* zuschreibt und sie als *Grenzwächter*innen* für die Sphäre *Arbeit* betrachtet (vgl. ebd.). Der *Border Theory* legt Clark acht Thesen zugrunde, welche die entscheidenden Faktoren für eine Balance zwischen den Domänen beschreiben. Beispielsweise stellt sie die Relevanz des aktiven Gestaltens von Grenzen und Domänen durch die Akteure heraus (vgl. a.a.O., S. 765). In besonderem Maße interessant für die Rolle und die Aufgaben von Führungskräften sind die Thesen fünf, sechs und acht (vgl. ebd.). So haben nach Clark Individuen, deren *Domain Members* [*Sphärenmitglieder*; Übersetzung d. Verf.] ein hohes Engagement für sie und eine großes Interesse an der anderen Sphäre zeigen, bessere Möglichkeiten, *Work-Life-Balance* zu erreichen. (vgl. ebd.) Darüber hinaus unterstreicht sie die Relevanz von regelmäßiger Kommunikation über den anderen Lebensbereich zwischen *Grenzgänger*innen* und *Grenzwächter*innen*: „Frequent supportive communication between border-keepers and border-crossers about other-domain activities will moderate the ill-effects of situations that would otherwise lead to imbalance" (ebd.).

Weitestgehend unberücksichtigt bleiben in Clarks Theorie jedoch Faktoren, die die positive Einflussnahme von Führungskräften auf die *Work-Life-Balance* der Mitarbeiter*innen begrenzen. Stattdessen wird der Eindruck erweckt, dass Führungskräfte völlig frei in ihrem Handeln seien und es allein vom guten Willen der Vorgesetzten abhänge, wie sie die Grenzen der Sphäre *Arbeit* gestalten. Fraglich ist ebenfalls, ob der Begriff der der *Grenzwächter*innen*, der eine strenge Beaufsichtigung oder Kontrolle von etwas oder jemandem impliziert (vgl. Duden online Begriffsbedeutung *der Wächter* 2019), die Rolle von Führungskräften im *Work-Life-Balance-Prozess* vor dem Hintergrund *entgrenzter Arbeit* und dem Wandel von Führungsarbeit (noch) adäquat beschreibt.

2.3 Die Gesellschaft im Wandel: *Entgrenzung* von (Führungs-)Arbeit

Die gesellschaftlichen Sphären *Arbeit* und *Leben* befinden sich seit dem Ende der 1990er Jahre in einem grundlegenden Wandlungsprozess (vgl. u.a. Kratzer 2003, Moldaschl / Voß 2002, Jurczyk et. al. 2009, Gottschall / Voß 2005). Ulrich Beck spricht in diesem Kontext vom Eintritt in das Zeitalter der „Reflexiven Moderne", dessen zentrales Merkmal die Pluralisierung und *Entgrenzung* von Arbeits-, Lebens-, Familien- und Souveränitätsformen sei (vgl. Beck et. al. 2004, S. 16). Grundsätzlich ist

> der Begriff Entgrenzung zu einer wichtigen Formel für die sozialwissenschaftliche Diagnose des aktuellen gesellschaftlichen Wandels geworden. [...] Inzwischen erweist sich die Vorstellung einer zunehmenden Brüchigkeit, Ausdünnung und zum Teil auch Auflösung bis dahin sicherer (oder zumindest für sicher gehaltener) struktureller

Ab- und Begrenzungen von Sphären der Gesellschaft und des persönlichen Lebens als hilfreich, um Aspekte einer forcierten Modernisierung von entwickelten Gesellschaften im Übergang zum 21. Jahrhundert, wenn schon nicht umfassend zu verstehen, so doch zumindest zu benennen und aspekthaft zu beleuchten. (Jurczyk et. al. 2009, S. 27)

Kritisch anzumerken ist, dass der Begriff der *Entgrenzung* dahingehend missverstanden werden könnte, als würde er das Abhandensein jeglicher Grenzen implizieren. Die Erosion „alter Grenzen" verlangt jedoch gerade das eigenständige Setzen und den aktiven Umgang mit neuen Grenzen (vgl. Moldaschl / Voß, S. 70). Jurczyk et al. sprechen in diesem Zusammenhang von „Doing Boundary" (vgl. a.a.O. S. 30). Neuartige Grenzen werden als entscheidungsoffener, kontextabhängiger und zeitinstabiler charakterisiert (vgl. Beck et. al. 2004, S. 351).

Um die beschriebenen Wandlungsprozesse im Bereich der Arbeit erkennen zu können, braucht es einen Referenzpunkt. Dazu dient häufig die in der industriellen Postmoderne vorherrschende „fordistisch-tayloristische Normalarbeit" (vgl. u.a. Moldaschl / Voß 2002; Gottschall / Voß 2005). Diese zeichnet sich als Rationalisierungsstrategie nicht nur durch eine Normierung von Beschäftigungsverhältnissen und eine Standardisierung von Qualifikationen und Tätigkeiten aus, sondern vor allem durch eine strikte Trennung von Arbeitswelt und Lebenswelt sowie Subjekt und Arbeitskraft (vgl. Kratzer / Sauer 2005, S. 94). Im Kontrast dazu sind für *entgrenzte Formen von Arbeit* die Heterogenität von Anstellungsarten, zeitlich und räumlich flexibilisierte Arbeit, die Anerkennung des Arbeitnehmers als Subjekt und die Selbstorganisation des Arbeitseinsatzes durch die Arbeitnehmer*innen kennzeichnend (vgl. a.a.O., S. 111-115). Arbeit wird darüber hinaus heute häufig in Projekten organisiert, im Rahmen derer die Arbeitnehmer*innen die Zielvereinbarungen erfüllen sollen, die sich häufig an den Marktanforderungen orientieren (vgl. Gottschall / Voß 2005, S. 106). Manfred Bonß identifiziert in diesem Kontext indirekte Steuerungsformen als Herrschaftstypus *entgrenzter Arbeit.* (vgl. Bonß 2011, S. 362). Um die gestiegenen Ansprüche erfüllen zu können, greifen die Arbeitnehmenden häufig auf subjektive Potenziale zurück. Manfred Moldaschl und Günther Voß sprechen in diesem Kontext von der *Subjektivierung von Arbeit* (vgl. Moldaschl / Voß 2002). Trotz typischer Merkmale besteht allerdings kein einheitliches Verständnis von *entgrenzter Arbeit.* Sie ist nicht als „reiner Typus" zu verstehen, sondern existiert in vielfältigen, unterschiedlichen Variationen neben bestehenden Formen fordistisch-tayloristischer Normalarbeit (vgl. Beck et al. 2004, S. 32). Angesichts der rasanten Ausbreitung flexibler (d.h. *entgrenzter*) Arbeitsformen (vgl.

Beck et. al. 2014, S. 339) kann nicht länger von einer Erosion, sondern vom Ende des Normalarbeitsverhältnisses gesprochen werden (vgl. Minssen 2019, S. 96). Die Gründe für die anhaltenden Wandlungsprozesse sind vielfältig: So müssen sich Betriebe im Zuge der Globalisierung stärker am Markt orientieren, um wettbewerbsfähig zu bleiben (Eichhorst / Tobsch 2014, S. 7). Gleichzeitig sind diese bestrebt, im Rahmen des demographischen Wandels und des daraus resultierenden „war for talents", dem zwischenbetrieblichen Kampf um rar gewordene Fachkräfte, einen attraktiven Arbeitgeber darzustellen und den Wünschen der nach Freiheit und Selbstbestimmung strebenden Arbeitnehmerschaft zu entsprechen (vgl. Kleemann et al. 2002, S. 66; Bornewasser 2013, S. 19; Kratzer / Sauer 2005, S. 97). Das im Zuge des gesellschaftlichen Wertewandels beschriebene verstärkte Interesse an arbeitsweltlichen Handlungsspielräumen seitens der Arbeitnehmer*innen ist dabei besonders relevant, da es die dargestellten Wandlungsprozesse legitimiert (vgl. Kratzer 2003, S. 41-42). Diese Legitimationsgrundlage ist unbedingt notwendig, da die *Entgrenzung von Arbeit* nicht nur die von Arbeitnehmerseite erhofften Handlungsspielräume mit sich bringt. So konstatieren Kleemann, Matuschek und Voß kritisch: „Die neuen post-tayloristischen Arbeitsformen beruhen, so wird argumentiert, in hohem Maße darauf, daß [sic] die betriebliche Kontrolle der Arbeit nun durch Gewährung partiell erweiterter Autonomien vollzogen wird - bei allerdings zugleich steigenden Leistungsanforderungen und einer verstärkten Überwachung der Arbeitsergebnisse" (Kleemann et al. 2002, S. 67). Kratzer und Sauer stellen darüber hinaus fest, dass die Flexibilisierung von Arbeitsort und Arbeitszeit oft mit einer Extensivierung von Arbeit einhergeht (vgl. Kratzer / Sauer 2005, S. 112). Kratzer sieht allerdings nicht allein die Mehrarbeit als Problemfaktor an, sondern stellt vor allem die von ihm konstatierte Intensivierung von Arbeit als Herausforderung für die Arbeitnehmenden heraus (vgl. Kratzer 2003, S. 23). Insgesamt ist festzustellen, dass *entgrenzte Formen von Arbeit* nicht etwa die Humanisierung der Arbeitswelt bewirken. Vielmehr sind diese zu verstehen als eine neuartige Rationalisierungsstrategie, ein Herrschaftsmodus (vgl. Kratzer 2003, S. 219f.), der anstelle von direkter Kontrolle auf indirekte Steuerungsformen zurückgreift, um durch die forcierte Selbstrationalisierung der Arbeitnehmer*innen an die subjektiven Potenziale dieser zu gelangen, welche es braucht, um in einem globalisierten und digitalisierten Markt wettbewerbsfähig zu bleiben (vgl. Kratzer 2003, S.198, Kratzer / Sauer 2005, S. 113). Die beschriebenen Prozesse der Extensivierung und Intensivierung von Arbeit und die damit einhergehenden Mehrbelastungen von Arbeitnehmer*innen lassen sich auch anhand aktueller empirischer Studien aufzeigen: Laut einer Erhebung der Bundeszentrale für politische Bildung, welche im

Rahmen des Datenreports 2018 erschien, sinkt zwar die Zahl der Arbeitsstunden pro Kopf seit Jahren kontinuierlich. Eine Erklärung für diesen vermutlich irreführenden Trend wird in der massiv gestiegenen Anzahl von in Teilzeit arbeitenden Bürger*innen gesehen (vgl. Bundeszentrale für Politische Bildung 2018, S. 152). Gleichzeitig zeigen Daten des Instituts für Arbeits- und Berufsforschung einen Anstieg von mehr als 48 Stunden pro Woche Arbeitenden von 1,3 auf 1,7 Millionen (vgl. Bundesministerium für Arbeit und Soziales 2016, S. 20). Darüber hinaus wird ein erheblicher Anstieg atypischer Arbeitszeiten verzeichnet, welche als für Arbeitnehmer*innen potenziell belastend angenommen werden, wie zum Beispiel das Arbeiten nach 18 Uhr, nachts oder am Wochenende (vgl. a.a.O, S. 22ff.).

Die Krankenversicherung AOK stellt im Rahmen ihres jährlich erscheinenden 'Fehlzeiten-Reports' fest, dass der Krankenstand seit 2006 kontinuierlich steigt. Lediglich im Jahr 2017 ist ein marginaler Rückgang zu verzeichnen. Die Werte bleiben dennoch verhältnismäßig hoch (vgl. Badura et al. 2018, S. 337). Der direkte Bezug zu den Auswirkungen *entgrenzter* Arbeitsformen lässt sich anhand der Statistik zu den Gründen der Arbeitsunfähigkeit herstellen. Demnach ist der mit Abstand häufigste Ausfallgrund die psychische Erkrankung der Arbeitnehmer*innen (vgl. a.a.O., S. 358). Erklärt wird dies einerseits durch die Sensibilisierung von Angestellten und Medizinern für psychische Erkrankungen, aber auch anhand „der Zunahme belastender Arbeitsbedingungen in der modernen Gesellschaft" (a.a.O., S. 359).

Das anhaltende Interesse am Thema *Work-Life-Balance* liegt also vor allem in den gesellschaftlich, politisch und betrieblich forcierten *Entgrenzungsprozessen* begründet. Diese gewähren Arbeitnehmer*innen einerseits mehr Freiräume hinsichtlich einer individuellen Verzahnung der Lebensbereiche, fordern aber gleichzeitig auch eine aktive und anhaltende Auseinandersetzung damit. Die Komplexität des Themas tangiert Unternehmen, Politik und Wissenschaft ebenso wie breite Teile der Gesellschaft, sodass sich auch Führungskräfte immer öfter mit *Work-Life-Balance* auseinandersetzen müssen (vgl. Michalk / Nieder 2007, S. 77ff.).

Als Folge eines gesellschaftlichen Wertewandels und der *Entgrenzung von Arbeit* befindet sich auch Führungsarbeit - verstanden als Prozess, welcher aus Handlungen in oder mit Referenz zu der asymmetrischen sozialen Beziehung zwischen Vorgesetztem und Mitarbeiter*in besteht (vgl. Pongratz 2003, S. 35 sowie Minssen 2019, S. 162) - „in einem tiefgreifenden Prozess der Neuorientierung" (Seeberg / Runde 2004, S. 129f.). Die Führungskraft wird dabei nicht länger ausschließlich als Erfüllungsgehilfe von Rationalisierungsstrategien betrachtet, sondern als „lebensweltlich verankertes Subjekt" (vgl. Ellguth et al. 1998, S. 520). Arbeitnehmer*innen werden hingegen nicht mehr als Objekt betrieblicher Herrschaft, sondern als machtvolles Subjekt mit der Möglichkeit der Einflussnahme auf die beschriebene soziale Beziehung verstanden (vgl. u.a. Minssen 2019, S. 162f., Pongratz 2003, S. 28). Im Rahmen der *Entgrenzung von Arbeit* kann von einem leicht asymmetrischen Abhängigkeitsverhältnis von Führungskraft und Mitarbeiter*innen ausgegangen werden. So ist der Vorgesetzte etwa „auf Vorsortierung angewiesen. Er wäre verloren , würde der Untergebene alle Probleme nach oben geben" (Luhmann 2006, S. 97). Insgesamt geht im Zuge der betrieblichen „Enthierarchisierung" Macht immer stärker von den wertschöpfenden Akteuren aus (vgl. Michalk / Nieder 2007, S. 77). Es besteht allerdings weitestgehend Einigkeit darüber, dass die festgestellte Entwertung von betrieblichen Hierarchien nicht in die Bedeutungslosigkeit von Führungsarbeit mündet, sondern diese sich lediglich neu definieren muss (vgl. Bonß 2011, S. 246). Führung muss sowohl den Ansprüchen der Mitarbeiter*innen als auch neuer Formen von Arbeitsorganisation genügen und darüber hinaus weiterhin die Wirtschaftlichkeit des Unternehmens fördern. Deshalb haben sogenannte „weiche Führungsstrategien", also Führungsstile, die harte Herrschaftsansprüche verschleiern und in denen Vorgesetzte der machtsensiblen Mitarbeiterschaft auf Augenhöhe begegnen, an Bedeutung gewonnen (vgl. Pongratz 2003, S. 19f.). Führungskräfte werden dabei zu Coaches, Mentor*innen, Konfliktmanager*innen und Unterstützer*innen, die helfen, für schwierige Aufgaben Lösungen zu erarbeiten (vgl u.a. Lohmer et. al. 2012, S. 83, Bonß 2011, S. 246, Schmidt-Wellenburg 2009, S. 331). Die neue, mehr auf personenorientierte Aufgaben (für eine Übersicht siehe Stöckl et al. 2009, S. 8) anstelle fachlicher und administrativer Kompetenzen fokussierte Rolle stellt Personalführende vor komplexe Herausforderungen (vgl. Freitag / Freitag 2016, S. 72ff.). Anhand aktueller Erkenntnisse der Führungsforschung lässt sich dabei ein Trend ablesen, womöglich eine Norm, hin zu mitarbeiterorientierter und auf die Gesunderhaltung dieser fokussierter Führung (vgl. u.a. Felfe 2015, Blessin / Wick 2017). Unter anderem vor dem Hintergrund dieser Erkenntnis soll im Folgenden diskutiert werden, ob *Work-Life-Balance* zur Aufgabe von Führungskräften wird.

3 *Work-Life-Balance* als Aufgabe für Führungskräfte: Einflussmöglichkeiten und begrenzende Faktoren

Im Rahmen dieses Kapitels soll in einem ersten Schritt hinterfragt werden, ob *Work-Life-Balance* als Führungsaufgabe zu verstehen ist. In einem nächsten Schritt sollen Einflussmöglichkeiten von Führungskräften auf die *Work-Life-Balance* ihrer Mitarbeiter*innen identifiziert werden. Diese Möglichkeiten sollen darüber hinaus auf Faktoren untersucht werden, die die Einflussnahme begrenzen oder hemmen. Abschließend soll Clarks *Border Theory* um die gewonnenen Erkenntnisse ergänzt werden.

3.1 *Work-Life-Balance* als Aufgabe für Führungskräfte?

Sue Campbell Clark bezeichnet Führungskräfte als *Grenzwächter*innen* und erklärt *Work-Life-Balance* somit unter anderem zur Führungsaufgabe. Auch die offenbar zur Norm werdenden Formen von Führungsstilen, die an der Gesunderhaltung der Mitarbeiter*innen orientiert sind, deuten darauf hin. Um festzustellen, ob *Work-Life-Balance* tatsächlich als Aufgabe von Führungskräften charakterisiert werden kann, gilt es zwei Dinge herauszustellen:

1. Sind Führungskräfte überhaupt in der Verantwortung, sich um die physische und psychische Gesunderhaltung ihrer Mitarbeiter*innen und somit um Fragen der (betrieblichen) *Work-Life-Balance* zu kümmern?

2. (Inwiefern) Haben Führungskräfte Einfluss auf die *Work-Life-Balance* ihrer Mitarbeiter*innen?

Laut §§ 617 und 618 des Bürgerlichen Gesetzbuches haben Unternehmen in Deutschland eine Fürsorgepflicht für ihre Angestellten. Diese Paragraphen halten fest, dass Arbeitgeber dafür Sorge zu tragen haben, die Arbeitsumstände so zu gestalten, dass daraus keine Gefahren für Leben und Gesundheit der Arbeitnehmer*innen resultieren (vgl. §§ 617 und 618 BGB). Weiterführend konstatiert das Arbeitsschutzgesetz: „Der Arbeitgeber ist verpflichtet, [...] erforderliche Maßnahmen des Arbeitsschutzes unter Berücksichtigung der Umstände zu treffen, die Sicherheit und Gesundheit der Beschäftigten bei der Arbeit beeinflussen. Er hat die Maßnahmen auf ihre Wirksamkeit zu überprüfen und erforderlichenfalls sich ändernden Gegebenheiten anzupassen. Dabei hat er eine Verbesserung von Sicherheit und Gesundheitsschutz der Beschäftigten anzustreben." (ArbSchG §3, Absatz 1). Für die Einhaltung dieser Pflichten sieht das Gesetz dabei nicht nur die Arbeitgeber*innen selbst als Verantwortliche, sondern auch mit der Leitung von

Unternehmen oder Betrieben beauftragte Personen im Rahmen der ihnen übertragenen Verantwortung (vgl. ArbSchG § 13 Absatz 1). Führungskräfte können also nach dem Gesetz als mit der Fürsorge für die Gesunderhaltung ihrer Mitarbeiter*innen beauftragte Personen charakterisiert werden. Ein Urteil des Bundesarbeitsgerichts vom 16.02.2012 zeigt, dass sich diese Pflichten durchaus nicht nur auf die körperliche Unversehrtheit, sondern auch auf psychische Faktoren wie Stress und Überlastung beziehen (vgl. Bundesarbeitsgericht 2012).

Im Rahmen des Leitfadens Prävention stellt der Verband der gesetzlichen Krankenversicherungen (GKV) fest, dass Führungskräfte einen „erheblichen Einfluss auf Gesundheit und Gesundheitsverhalten der Beschäftigten haben – im positiven, wie im negativen Sinne" (GKV-Spitzenverband 2014, S. 111). Eine Studie der AOK stellt darüber hinaus den Zusammenhang von an der Gesundheit der Mitarbeiter*innen interessierter Führungsarbeit mit einem geringeren Risiko physischer und psychischer Beeinträchtigungen durch Arbeit und einer höheren Arbeitszufriedenheit fest (vgl. Zok 2011, S. 29-31). Zu dieser Erkenntnis gelangen auch zahlreiche Ausführungen aus den sozialwissenschaftlichen Fachbereichen der Arbeitssoziologie (vgl. Kratzer et al. 2015), Arbeits- und Organisationspsychologie (vgl. Felfe et al. 2015; Collatz / Gudat 2011) und den Wirtschaftswissenschaften (vgl. Seebacher / Klaus 2004; Blessin / Wick 2017): So stellen beispielsweise Collatz und Gudat fest, dass der Führungsstil des direkten Vorgesetzten eine wichtige Ressource für Arbeitnehmer im *Work-Life-Balance-Prozess* darstellt (vgl. Collatz / Gudat 2011, S. 7). Betont wird in diesem Zusammenhang ebenfalls die Bedeutung von Führungskräften für die Implementierung von *Work-Life-Balance-Konzepten*. Diese Einschätzung findet sich in noch grundlegenderem Maße in zahlreichen Beiträgen aus der Führungsforschung wieder, in welchen Führungskräfte als Hauptverantwortliche für den Umgang mit Änderungsprozessen ausgemacht werden (vgl. u.a. Blessin / Wick 2017, S. 297f.; Seebacher / Klaus 2004, S. 129). Auch Papmeyer stellt den Einfluss von Vorgesetzten auf die *Work-Life-Balance* ihrer Mitarbeiter*innen fest. Sie konstatiert, dass sich vor allem die gelebten Werte und das Verhalten auf die Vereinbarkeitsfrage auswirken (vgl. Papmeyer 2018, S. 114). Mit Blick auf die Rolle von Führungskräften im *Work-Life-Balance-Prozess* der Arbeitnehmenden werden diese von Michalk und Nieder als *Work-Life-Balance-Manager* (vgl. Michalk / Nieder 2007, S. 79ff.) und von Rockrohr und Glazinski als *Work-Life-Balance-Coaches* (vgl. Rockrohr / Glazinski 2004, S. 368) charakterisiert.

Führungskräfte sehen sich also nicht nur mit gesetzlichen Auflagen und unausgesprochenen Erwartungen der Arbeitnehmer*innen an deren Gesunderhaltung konfrontiert, sondern tragen darüber hinaus eine soziale Verantwortung für die *Work-Life-Balance* ihrer Mitarbeiter*innen, welche sich aus ihrer Personalverantwortung ergibt. In Kombination mit einem verstärkten politischen, gesellschaftlichen und betrieblichen Interesse an der Gesunderhaltung der Arbeitnehmenden wird die Ermöglichung von *Work-Life-Balance* zur Führungsaufgabe und stellt neue Ansprüche an Führungsarbeit. An der Gesunderhaltung und damit an der *Work-Life-Balance* der Mitarbeiter*innen orientierte Führung wird somit immer mehr zur Norm (vgl. Felfe et al. 2015, S. 242-243).

3.2 Einflussmöglichkeiten von Führungskräften auf die *Work-Life-Balance* ihrer Mitarbeiter*innen

Um verstehen zu können, welche Faktoren die positive Einflussnahme von Führungskräften begrenzen, soll zunächst erarbeitet werden, durch welche Faktoren Vorgesetzte den Balanceprozess ihrer Mitarbeiter*innen überhaupt beeinflussen können. Angemerkt werden soll an dieser Stelle, dass nicht davon ausgegangen werden kann, dass jede Führungskraft ständig daran interessiert ist, die *Work-Life-Balance* der Mitarbeiter*innen zu verbessern oder positiv zu beeinflussen. Vielmehr soll erarbeitet werden, welche Faktoren die Führungskräfte, die jenes Bestreben an den Tag legen, in diesem Vorhaben behindern oder begrenzen. Dass Führungskräfte auf den *Work-Life-Balance-Prozess,* egal ob bewusst oder unbewusst, einwirken, scheint nicht von der Hand zu weisen zu sein: In Anlehnung an Paul Watzlawicks erstes Axiom seines Kommunikationsmodells (vgl. Watzlawick et al. 1969) stellen Michalk und Nieder fest, dass Führungskräfte „nicht nicht führen können" (vgl. Michalk / Nieder 2007, S. 78). Folglich beeinflussen sie durch ihr Verhalten und Handeln direkt oder indirekt die *Work-Life-Balance* ihrer Mitarbeiter*innen. Doch durch welche Faktoren wird Einfluss genommen? Und welches Verhalten wird als *Work-Life-Balance*-fördernd bzw. -hemmend wahrgenommen? Mit dieser Frage hat sich die *Work-Life-Balance-Forschung* bisher anscheinend kaum auseinandergesetzt. Aufschlussreicher sind in diesem Kontext hingegen Studien aus dem Bereich der Führungsforschung, die sich mit Fragen gesundheitsförderlicher Führung beschäftigen (vgl. u.a. Lohmer et al. 2012, Felfe 2015, Rexroth et al. 2011 und Zok 2011). Die Gesunderhaltung der Mitarbeiter*innen (durch die bessere Vereinbarkeit der Lebensbereiche) ist das Hauptanliegen von *Work-Life-Balance-Konzepten.* Darüber hinaus gleichen sich Erkenntnisse über *Work-Life-*

Balance-förderliche und gesundheitsförderliche Führung. Deshalb soll davon ausgegangen werden, dass im Rahmen gesundheitsförderlicher Führungsforschung ermittelte Faktoren, welchen ein Einfluss auf die Gesundheit der Mitarbeitenden zugesprochen wird, gleichermaßen Einfluss auf die *Work-Life-Balance* dieser haben können.

Nach Sichtung der einschlägigen Literatur aus Führungs- und *Work-Life-Balance-Forschung*, die einen Beitrag zur Beantwortung dieser Fragestellung leistet (vgl. Anhang, Tabelle 2), ist auffällig, dass sich die festgestellten Einflussfaktoren trotz unterschiedlicher Wortgebung entweder auf die durch die Vorgesetzten mitgestaltbaren strukturellen Gegebenheiten am Arbeitsplatz, die Kommunikation durch die und mit den Führungskräften und/oder auf das Verhalten ebendieser beziehen. Angemerkt werden soll, dass in diesem Kontext kein Anspruch auf Vollständigkeit der Einflussmöglichkeiten von Führungskräften erhoben werden kann. Dies ist einerseits dadurch begründet, dass im Rahmen der Analyse nicht alle Ausführungen, die potenziell zum Verständnis der Einflussfaktoren beitragen können, berücksichtigt werden konnten. Auch sind aufgrund des bisher überschaubaren Forschungsinteresses, gerade im Bereiche der *Work-Life-Balance-Forschung*, Forschungslücken nicht auszuschließen. Jedoch lassen die wiederkehrenden Motive (vgl. Anhang, Tabelle 2) innerhalb der untersuchten Ausführungen vermuten, dass die entscheidenden Einflussmöglichkeiten von Personalführenden auf die *Work-Life-Balance* ihrer Mitarbeiter*innen im Rahmen der Analyse erfasst wurden. Deshalb wurden auf Basis dieser drei Ebenen der (potenziellen) Einflussnahme entworfen:

1. Strukturelle Ebene

2. Kommunikationsebene

3. Verhaltensebene

Die **strukturelle Ebene** umfasst die von Führungskräften teilweise beeinflussbaren Arbeitsbedingungen von Arbeitnehmer*innen. „Work Life Balance umspannt in diesem Zusammenhang zunächst Faktoren der Arbeitsgestaltung (was, wo, wann und wieviel wird gearbeitet). Führungskräfte haben daher die Aufgabe, die Rahmenbedingungen der Arbeit für ihre Mitarbeiter so zu gestalten, dass ein gelungener Ausgleich zwischen Arbeit und Freizeit nicht von vornherein verhindert wird" (Kastner 2013, S. 312). Direkten Einfluss nehmen können Führungskräfte unter anderem durch die realistische Gestaltung von Zielvorgaben oder eine sinnvolle Verteilung von Aufgaben (Badura et al. 2011, S. 4). Auf zeitliche und räumliche Faktoren kann darüber hinaus, sofern das Unternehmen dies anbietet, durch *Work-*

Life-Balance-Maßnahmen eingewirkt werden. Grundsätzlich geht es darum, gesundheitsförderliche Arbeitsbedingungen zu schaffen, Risiken und Belastungen am Arbeitsplatz zu minimieren und Ressourcen zum Umgang mit potenziellen Stressoren zu stärken (vgl. ebd.).

Als zweite Einflussmöglichkeit wird der **Kommunikation** zwischen Vorgesetzten und Mitarbeiter*innen ein hoher Stellenwert attestiert. Dabei soll die Führungskraft ihre Einflussmöglichkeiten nicht nur im passiven Zuhören bei beruflichen sowie privaten Problemen (vgl. Blahopoulou 2013, S. 217) sehen, sondern aktive Kommunikation als Chance verstehen, die *Work-Life-Balance* der Mitarbeiter*innen direkt zu beeinflussen (vgl. Kastner 2013, S. 312, Felfe et al. 2017, S. 242). Im Mittelpunkt arbeitsalltäglicher Kommunikation stehen dabei die Vermittlung von Wertschätzung, Anerkennung und Vertrauen (vgl. Franke et al. 2011 – zitiert nach Badura et al. 2011, S. 4). Eine besondere Rolle für die Gesundheit der Arbeitnehmer*innen kommt darüber hinaus der Vermittlung der Sinnhaftigkeit der Arbeitstätigkeit insgesamt zu (vgl. u.a. Waltersbacher et al. 2018 und Ehresmann / Badura 2018). Neben der Kommunikation im Arbeitsalltag wird für Führungskräfte besonders in Mitarbeitergesprächen eine Möglichkeit des direkten Einflusses auf die *Work-Life-Balance* der Beschäftigten gesehen (vgl. Collatz / Gudat 2011, S. 39). Dabei können Vorgesetzte als Diagnostiker, Berater und Unterstützer fungieren (vgl. Blessin / Wick 2017, S. 297). Ihnen kommt in diesem Falle die Aufgabe zu, „Symptome und Signale stressbedingter Überlastungen der Mitarbeiter zu erkennen" (Rockrohr 2003, S. 15) und auf Basis dieser Erkenntnis möglichen Vereinbarkeitsproblemen, zum Beispiel in Form von *Work-Life-Balance-Maßnahmen*, entgegenzuwirken. Als besonders hilfreich für das Bestreben, *Work-Life-Imbalancen* zu vermeiden, werden in Anlehnung an Clark ein Bewusstsein der Vorgesetzten für das Privatleben der Mitarbeiter*innen [„other domain awarness"] sowie ein hohes Maß an „Commitment" betrachtet (vgl. Clark 2000, S. 765).

Mit der **Verhaltensebene** soll ein indirekter Einfluss von Führungskräften auf die *Work-Life-Balance* der Arbeitnehmer*innen beschrieben werden. Dieser wird in zahlreichen Ausführungen als „Vorbildfunktion" zusammengefasst (vgl. u.a. Kastner 2013, S. 312, Lohmer et al. 2012, S. 87, Felfe et al. 2017, S. 242). In Anlehnung an den von Albert Bandura beschriebenen sozial-kognitiven Effekt des „Lernens am Modell" (vgl. Bandura / Kober 1976) wird vermutet, dass Mitarbeiter*innen ihr Verhalten an dem ihrer Vorgesetzten orientieren. Dies gilt sowohl für ihr Ernährungs-, Bewegungs- und Entspannungsverhalten (vgl. Schmidt / Wilkens 2009, S. 590ff.) als auch für grundsätzliche Fragen der Zeiteinteilung und Stressbewältigung (vgl. Lohmer et al. 2012, S. 87). Als Rollenmodelle haben Führungskräfte die Möglichkeit, durch einen verantwortungsbewussten Umgang mit Fragen der *Work-Life-Balance* die Mitarbeiter*innen zu einer eigenständigen Auseinandersetzung mit dem Thema zu ermutigen (vgl. Rexroth et al. 2011, S. 369). Entscheidend ist das Verhalten der Vorgesetzten auch für die Glaubwürdigkeit des von ihnen Propagierten:

> So wirkt eine Führungskraft unglaubwürdig, wenn sie von ihren Mitarbeitern einerseits fordert, dass diese sich aktiv um die eigene Work Life Balance kümmern, andererseits aber selbst das propagierte Verhalten nicht zeigt, sondern im Gegenteil eher ein Vorbild für die These liefert, dass ein Aufstieg im Unternehmen und die Übernahme von mehr Verantwortung durch Selbstausbeutung und die Vernachlässigung von Aufgaben und Pflichten außerhalb der Arbeit erkauft werden müssen. (Kastner 2013, S. 312)

Durch das Verhalten der Führungskraft kann eine Art „Ausbeutungsnorm" etabliert werden, welche Mitarbeiter*innen davon ausgehen lässt, dass ein gewisser Grad an „Überengagement" gefordert sei, um keine negativen Konsequenzen für die eigene Karriere fürchten zu müssen (vgl. a.a.O., S. 313). Eine gelingende *Work-Life-Balance* kann in diesem Zusammenhang als mangelndes Engagement (fehl)-interpretiert werden (vgl. ebd.). Eine Studie von Franziska Franke und Jörg Felfe aus dem Jahre 2011 zeigt in diesem Zusammenhang eine Korrelation der Vorbildfunktion bzw. Glaubwürdigkeit von Vorgesetzten einerseits und andererseits gesundheitlichen Beschwerden, wie Erschöpfungszuständen und psychosomatischen Beschwerden, auf. (vgl. Franke / Felfe 2011, S. 9ff.) In der Führungsforschung wird darüber hinaus von positiven Auswirkungen des gesundheitsbewussten Umgangs mit sich selbst (*SelfCare*) auf den gesundheitsbewussten Umgang mit Mitarbeiter*innen (*StaffCare*) gesprochen, welcher sich zum einen aus einem größeren Bewusstsein für Fragen der *Work-Life-Balance* und zum anderen aus der Vorbildfunktion der Führungskräfte ergibt (vgl. Felfe et al. 2017, S. 247f.). Auch im Rahmen von Clarks *Border Theory* gibt es Hinweise darauf, dass Führungskräfte als Rollenmodelle für ihre Mitarbeiter*innen fungieren (vgl. Clark 2000, S. 766).

Zusätzlich zu den drei benannten Ebenen wird in der Literatur immer wieder die Bedeutsamkeit einer *Work-Life-Balance* fördernden Unternehmenskultur, verstanden als eine unternehmenseigene Mentalität (vgl. Krusche 2008, S. 110f.), betont (vgl. u.a. Waffenschmidt 2015, S. 189, Rexroth et al. 2011, S. 369, Franke / Felfe 2011, S. 7). Diese kann seitens der Führungskraft vor allem im Rahmen der drei benannten Ebenen beeinflusst werden. Eine *Work-Life-Balance* fördernde

Unternehmenskultur wird allerdings nicht nur von Führungskräften, sondern von
allen Mitarbeiter*innen, und nicht zuletzt dem oberen Management, mitgeprägt.
Der Einfluss auf diese ist daher als begrenzt zu betrachten und soll für die weitere
Analyse zwar eine Rolle spielen, jedoch keine eigene Einflussebene darstellen.

3.3 Analyse der Einflussmöglichkeiten von Führungskräften auf die *Work-Life-Balance* ihrer Mitarbeiter*innen

In einer überwältigenden Menge an Ratgeberliteratur für Unternehmen und Führungskräfte zum Thema *Work-Life-Balance* werden Handlungsempfehlungen vor
dem Hintergrund eines bestehenden Missstandes und mit Blick auf die Einflussmöglichkeiten der Akteure „ausgesprochen" (vgl. u.a. Holzer 2013, Buchenau
2017). Die teilweise entstehende Forderungs- oder sogar Vorwurfshaltung gegenüber Führungskräften entspringt nicht selten aus der praxisfernen Annahme, diese
seien völlig frei in ihrem Handeln. Dass völlige Unabhängigkeit der Handlungen ein
kaum realistischer Zustand ist, beschreiben bereits grundlegende Sozialtheorien
(siehe dazu u.a. Habermas 1981, aber auch Luhmann 1984). Den die positive Einflussnahme begrenzenden Faktoren, welche sich unter anderem aus Abhängigkei-
ten ergeben können, wird insgesamt kaum Aufmerksamkeit gewidmet. Dies
scheint jedoch unabdingbar, um die Führungsaufgabe *Work-Life-Balance* zu verstehen und letztlich auch die Rolle von Führungskräften innerhalb dieses Prozesses
einordnen zu können.

Im Folgenden sollen daher die beschriebenen Einflussebenen von Führungskräften
auf die *Work-Life-Balance* ihrer Mitarbeiter*innen vor dem Hintergrund gesell-
schaftlicher Wandlungsprozesse (vgl. Kapitel 2.3.) analysiert werden. Im Rahmen
der nachfolgenden Betrachtung soll jede Ebene einzeln analysiert werden, ohne
aber dabei den Blick für die Interdependenzen zwischen den Einflussmöglichkeiten zu verlieren. Der Reihenfolge der Betrachtung der Einflussmöglichkeiten
kommt dabei keine tiefere Bedeutung zu, da aus bisherigen Forschungsergebnis-
sen keine Hierarchisierung dieser hervorgeht.

3.3.1 Analyse der strukturellen Ebene

Als für die *Work-Life-Balance* besonders entscheidende Arbeitsbedingungen gelten
der Arbeitsort, die Arbeitszeit und die Handlungs- und Entscheidungsspielräume,
die den Mitarbeiter*innen gewährt werden (vgl. Anhang, Tabelle 2). Während Arbeitsort und Arbeitszeit in erster Instanz durch den Arbeitsvertrag geregelt werden, ist die Gewährung von Handlungs- und Entscheidungsspielräumen vor allem

Führungssache. Die Annahme, die beruflichen Freiheiten hingen dabei lediglich vom guten Willen der Vorgesetzten ab, lässt sich auch mit Blick auf die arbeitsweltlichen Herausforderungen von Führungskräften nicht teilen. Leistungsverantwortung und Fürsorgepflicht stehen für viele Führungskräfte in einem direkten Widerspruch und begrenzen sie beispielsweise in der Gestaltung von Arbeitsabläufen und Personaleinsatz (vgl. Korek et al. 2015). Daher ist es auch nicht verwunderlich, dass knapp zwei Drittel der Führungskräfte es schwierig finden, den Vorgaben des Unternehmens und den Erwartungen der Mitarbeiter*innen gleichermaßen gerecht zu werden (vgl. Faust et al. 2000, S. 155). Die teilweise ohne Bezug zu den bestehenden Ressourcen von den oberen Führungsebenen vorgegebenen Ziele erweisen sich dabei als besonders hinderlich für eine an *Work-Life-Balance* orientierte Führungsarbeit (vgl. Kastner 2013, S. 313). Die Erfüllung der bestehenden sachbezogenen Zielvorgaben bleibt auf diese Weise im Fokus der Führenden. Personenorientierte Aufgaben rücken zwangsläufig in den Hintergrund. Eine Studie von Faust, Notz und Jauch belegt, dass im Kontext *entgrenzter Arbeit* und durch die Ausdünnung der Hierarchieebenen immer mehr Verantwortung auf die unteren Führungsebenen verteilt wird, ohne jedoch die Entscheidungsspielräume dieser zu erweitern (vgl. Faust et al. 2000, S. 21). Auf der anderen Seite der Medaille steht hingegen, dass auch zu viel Eigenverantwortung, gerade für Arbeitnehmer*innen, für die *Work-Life-Balance* nicht zuträglich sein kann. So beschreibt Peters mit dem Begriff der „interessierten Selbstgefährdung" einen Effekt, welcher Mitarbeiter*innen als Folge indirekter Steuerungsformen in eine Überbeanspruchung der eigenen Arbeitsleistung ohne Beachtung ihrer physischen und psychischen Gesundheit treibt (vgl. Peters 2011, S. 109). Die Gewährung von als ausreichend empfundenen Handlungs- und Entscheidungsspielräumen seitens der Führungskräfte ist im Kontext *entgrenzter Arbeit* damit nicht unmöglich. Allerdings ist sie immer in Relation zu den gegebenen Möglichkeiten der Führenden zu setzen und jederzeit mit Abwägungsleistungen in Bezug auf Folgen und Risiken für die Mitarbeiter*innen sowie die Arbeitsorganisation verbunden.

Immer mehr Führungskräften werden betriebliche Maßnahmen zur Gesunderhaltung der Mitarbeiter an die Hand gegeben, durch welche diese, sofern dies auch von Arbeitnehmerseite gewünscht ist, auch auf die vertraglich festgehaltenen Größen Arbeitsort und Arbeitszeit Einfluss nehmen können. Erhofft wird sich dadurch ein positiver Einfluss auf die *Work-Life-Balance* ihrer Mitarbeiter*innen. Doch bereits die Frage der Gewährung derartiger Maßnahmen stellt, wie eine Studie von den Dulk und de Ruijter zeigt (vgl. den Dulk / de Ruijter 2008), die Führenden vor ein Dilemma. Die zeitliche und/oder räumliche Flexibilisierung der Arbeit von Mitarbeiter*innen geht auf der einen Seite zwangsläufig mit einem Mehraufwand an Arbeitsorganisation und somit einer Zunahme an Komplexität einher. Minssen verweist in diesem Zusammenhang auch auf Fragen des Führens auf Distanz (vgl. Minssen 2019, S. 81). Ändern sich Arbeitsabläufe, kann dies die Erfüllung von Zielvorgaben be- oder sogar verhindern. Auf der anderen Seite kann eine Verwehrung des Flexibilisierungsgesuchs von Arbeitszeit oder Arbeitsort in einer *Work-Life-Imbalance* des Arbeitnehmenden münden und somit eine begrenzte Leistungsfähigkeit oder sogar einen Arbeitsausfall nach sich ziehen (vgl. den Dulk / de Ruijter 2008, S. 1224ff.). Doch auch die Inanspruchnahme einer *Work-Life-Balance-Maßnahme* führt laut aktueller Studien nicht zwangsläufig zur Lösung bestehender Vereinbarkeitsprobleme. So bergen etwa von kritischen Stimmen als „kompensatorisch" eingestufte Maßnahmen, wie haushaltsnahe Dienstleistungen oder der Besuch einer Rückenschule, das Risiko, dass von Imbalancen betroffene Arbeitnehmer*innen dem Arbeitsleben ebenso viel Aufmerksamkeit wie bisher schenken, ohne die Ursache der Imbalance bekämpft zu haben (vgl. Papmeyer 2018, S. 97). George Homans beschreibt darüber hinaus im Rahmen seiner „Social Exchange Theory" ein Gefühl des „in der Schuld Stehens" bei Arbeitnehmer*innen den Arbeitgeber*innen gegenüber, wenn diese etwas über den Rahmen des Arbeitsvertrages hinaus für sie leisten (vgl. Homans 1958, S. 598ff.). Durch dieses Gefühl kann es zu einer Extensivierung des Arbeitsvolumens bei den betroffenen Arbeitnehmer*innen kommen. Doch auch die als „echte *Work-Life-Balance-Maßnahmen*" eingestuften Flexibilisierungsmaßnahmen stehen in den letzten Jahren vermehrt in der Kritik. So bestätigen mehrere Studien, dass die Flexibilisierung von Arbeitszeit sowie das Arbeiten mit Vertrauensarbeitszeiten häufig zu einer Ausdehnung des Arbeitsvolumens führen (vgl. u.a. Lott 2019, S. 5 und Bonß 2011, S. 225). Darüber hinaus sind zeitliche Flexibilisierungsmaßnahmen oftmals nicht an den Bedürfnissen der Arbeitnehmer*innen, sondern der Betriebe bzw. direkt an den Anforderungen des Marktes orientiert. Dies ist gleichbedeutend mit der „Internalisierung einseitig ökonomistischer Zeitverwendungslogiken für die Zeitinteressen und das Zeitbewusstsein von Beschäftigten" (Jürgens 2007, S. 167). Entstehende Vereinbarkeitsprobleme werden somit zur alleinigen Angelegenheit der Arbeitnehmenden.

Etwas ambivalenter stellt sich der Blick auf die Auswirkungen der Flexibilisierung des Arbeitortes dar. So werden beispielsweise im Zusammenhang mit Teleheimarbeit bzw. Home-Office gesteigerte Handlungsoptionen, gleichzeitig aber auch eine

Zunahme von Arbeitsvolumen und Handungskomplexität attestiert (vgl. Gottschall
/ Voß 2005, S. 82). Gründe für den Anstieg der Arbeitszeit werden zum einen in der
Internalisierung von Unternehmenszielen, vor allem aber in einem Schuldgefühl
dem Unternehmen („Social Exchange"), aber auch den Kolleg*innen gegenüber gesehen (vgl. Lambert 2000, S. 803ff.). Eine Studie der AOK, welche im Rahmen des
noch unveröffentlichten „Fehlzeitenreports 2019" veröffentlicht werden wird,
stellt hingegen fest, dass in Teleheimarbeit Arbeitende trotz der negativen Konsequenzen insgesamt zufriedener sind und ein höheres Maß an *Work-Life-Balance*
wahrnehmen (vgl. „Wer Homeoffice macht, ist öfter erschöpft - aber zufriedener"
2019). Für Führungskräfte des unteren und mittleren Managements bedeutet diese
Erkenntnis eine doppelte Komplexisierung: Zum einen führt die Gewährung von
Work-Life-Balance-Maßnahmen zu einem Mehraufwand in Bezug auf Arbeitsorganisation. Zum anderen wird deutlich, dass betriebliche Maßnahmen nicht als „All-
heilmittel" zu verstehen sind, die wie ein Medikament verschrieben werden und
ihre Wirkung selbstständig entfalten, sondern im Gegenteil auch zu einer Steigerung der Vereinbarkeitsprobleme führen können. Führungskräfte lassen sich in
diesem Kontext als Leidtragende, aber auch „Handlanger", je nach dem ob ein ech-
tes Interesse an der Verbesserung der *Work-Life-Balance* der Mitarbeiter*innen besteht, einer von Ambivalenzen geprägten Rationalisierungsstrategie zahlreicher
Unternehmen charakterisieren. In diesen sollen Flexibilisierungsmaßnahmen sowohl zur Steigerung der Wirtschaftlichkeit als auch als Gesunderhaltungsinstru-
ment dienen. Die Gewährung von *Work-Life-Balance* fördernden Arbeitsbedingungen ist für Personalführende des unteren und mittleren Managements häufig verbunden mit einer Zunahme von Arbeitsaufwand und Komplexität. Gleichzeitig
bleibt die Unsicherheit über die Auswirkung bzw. den Erfolg der zur Verfügung ge-
stellten Maßnahmen. Darüber hinaus sind die Handlungsoptionen oftmals stark
begrenzt. Die Bereitstellung *Work-Life-Balance-förderlicher* Arbeitsbedingungen
verlangt, neben einem hohen Commitment für die Unterstellten, von Personalführenden folglich Fingerspitzengefühl und individuelle Anpassungsleistungen. Die
Aufgabe *Work-Life-Balance* stellt sich in diesem Zusammenhang als (zusätzliche)
Belastung für Führungskräfte dar.

3.3.2 Analyse der Kommunikationsebene

Durch gelungene Kommunikation mit den Mitarbeiter*innen können Führungskräfte die *Work-Life-Balance* positiv beeinflussen. Durch Trends, wie die Globalisierung, der demographische Wandel, aber auch die verstärkte Nutzung von Formen
des projektbasierten Arbeitens sind heterogen zusammengesetzte Teams in Bezug

auf Kulturen, Sprachen, Altersgruppen, aber auch Hierarchieebenen keine Seltenheit mehr (vgl. Lohmer et al. 2012, S. 53f.). Kommunikation erfährt vor diesem Hintergrund eine Zunahme an Komplexität für Mitarbeiter*innen und Führende. So ist gerade beim Abstecken von Zielen ein besonderes Augenmerk auf Verständlichkeit und Eindeutigkeit zu legen. Um die für die *Work-Life-Balance* der Arbeitnehmer*innen so wichtige Anerkennung und Wertschätzung (vgl. Felfe et al. 2017, S. 242, Franke et al. 2011 – zitiert nach Franke / Felfe 2011, S. 4) zu signalisieren und quantitative Überforderung zu vermeiden, erscheint es sinnvoll, dass Führungskräfte jene Zielvereinbarungen in enger Zusammenarbeit mit den Mitarbeiter*innen treffen (Kratzer et al. 2015, S. 23). In Anbetracht der begrenzten Handlungsspielräume und Vorgaben der eigenen Vorgesetzten (vgl. Kapitel 3.3.1.) kann diese Aufgabe Führungskräfte allerdings vor ein Dilemma stellen. Das Herunterbrechen von Gesamtzielen auf zeitlich und inhaltlich erfüllbare Einzel- oder Teamleistungen der Mitarbeitenden erfordert ein hohes Maß an Kreativität und fällt nicht selten zu Lasten der Führungskräfte selbst. Es auszuhalten, nicht alle Erwartungen gleichermaßen erfüllen zu können, wird vor diesem Hintergrund zur Anforderung an Führungsarbeit (vgl. Lohmer et al. 2012, S. 89). Das interaktive Erarbeiten von Zielvorgaben ist für Personalführende daher ebenfalls mit einer Zunahme an Komplexität und emotionaler Belastung verbunden.

Eine für die positive Einflussnahme auf die *Work-Life-Balance* der Mitarbeiter*innen wichtige Rolle spielen auch Mitarbeitergespräche. So sieht etwa Rockrohr Führungskräfte in der Pflicht, vor allem innerhalb dieser Gespräche, Anzeichen von Überlastung und Imbalancen zu erkennen (vgl. Rockrohr 2003, S. 15f.). Im Rahmen einer qualitativen Erhebung von Felfe, Pundt und Krick zeigt sich allerdings, dass Führungskräfte sich selbst von dieser Anforderung überfordert sehen. So sagt einer der Befragten: „Dann bleibt ja noch mehr an mir hängen, wenn ich noch mehr Rücksicht auf die Gesundheit der Mitarbeiter nehmen soll. Ich kann doch jetzt nicht auch noch die Rolle des Therapeuten übernehmen. Dafür bin ich nicht ausgebildet und dazu fehlt mir die Zeit." (Felfe et al. 2017, S. 243). Ein Grund für die hier angesprochenen fehlenden Kompetenzen sehen Lohmer et al. darin, dass sich Führungskräfte, trotz der im Kontext *entgrenzter Arbeit* massiv gestiegenen Bedeutung personenorientierter Führungsaufgaben, noch immer überwiegend durch ihr Fachwissen und die Bearbeitung von Sachaufgaben für Führungsposition qualifizieren und nicht durch ihre sozialen Kompetenzen (vgl. Lohmer et al. 2012, S. 82). Fraglich ist allerdings, ob Fachwissen und die außerordentlich gute Bewältigung von Sachaufgaben zur Legitimation der Besserstellung von Führungskräften notwendig ist oder ob die Mitarbeiterschaft Vorgesetzte auch aufgrund ihrer sozialen Fähigkeiten als solche anerkennen würde.

Im Kontext von Mitarbeitergesprächen ist es aber nicht nur entscheidend, ob Imbalancen erkannt werden können oder nicht. Von großer Relevanz ist auch, wie häufig diese absolviert werden und auf welche Art und Weise sie von der Führungskraft geführt werden. Auch wenn sich in der Regelmäßigkeit von Mitarbeitergesprächen sicherlich ein Interesse am Wohlergehen der Mitarbeiterschaft widerspiegelt, ist nicht davon auszugehen, dass ein direkter Wirkungszusammenhang zwischen der Anzahl der Gespräche und dem Erreichen von *Work-Life-Balance* besteht. Entscheidender ist vermutlich, inwieweit sich Vorgesetzte Balanceproblemen annehmen. Dabei müssen sich Personalführende eine komplexe Grundsatzfrage stellen. Gewähren sie ihren Mitarbeiter*innen große Freiheiten und vertrauen darauf, dass diese eigenständig in der Lage sind, *Work-Life-Balance*-förderliche Grenzen zu setzen, büßen sie an Kontrolle ein und verlieren unter Umständen den Blick für die negativen Folgen des eigenständigen Arbeitens. Sie riskieren dadurch, ihrer Fürsorgepflicht nicht angemessen nachzukommen. Eingegriffen werden kann in diesem Falle womöglich erst dann, wenn sich eine Imbalance bei den Mitarbeiter*innen bereits bemerkbar macht. Begreifen Führende ihre Unterstellten hingegen als Schutzbedürftige in Sachen *Work-Life-Balance* (vgl. Bonß 2011, S. 376), bedingt dies die regelmäßige, beinahe ständige Kontrolle des physischen und psychischen Wohlbefindens der Unterstellten. Faktoren, welche die Austarierung der Lebensbereiche negativ beeinflussen, können auch im privaten Bereich liegen. Eine umfassende Kontrolle der *Work-Life-Balance* der Mitarbeiter*innen durch Führungskräfte würde folglich auch die Kontrolle des Privaten bedingen. Ermöglichen und legitimieren können dies allerdings nur die Arbeitnehmenden, indem sie die Führungskraft an privaten Problemen teilhaben lassen. Dies kann laut Clark zu einem besseren Verständnis der Vorgesetzten für das Privatleben der Mitarbeiter*innen und somit zu einer flexibleren Gestaltung von Grenzen führen (vgl. Clark 2000, S. 760ff.). Gleichzeitig birgt dies für Arbeitnehmende aber auch die Gefahr der Ökonomisierung des Privaten. Für Führungskräfte bedeutet eine derartige Kontrollfunktion einen enormen Zeitaufwand, der vermutlich nicht zu leisten ist. Ohnehin scheint eine derart starke Einflussnahme im Kontext *entgrenzter* Arbeitsformen, für welche gerade die Eigenständigkeit und Verantwortungsübernahme der Mitarbeiter*innen typisch sind, weder von Arbeitnehmerseite noch von Arbeitgeberseite erstrebenswert zu sein (vgl. Kapitel 2.3.).

Um die negativen Folgen beider „Extremformen" zu vermeiden, wird es zur Aufgabe der Personalverantwortlichen, alle Mitarbeiter*innen in ihrer Individualität zu begreifen und sich, gerade durch regelmäßige Mitarbeitergespräche, ein möglichst genaues Bild von Chancen und Problemen der Vereinbarkeit der Lebensbereiche der Arbeitnehmer*innen zu verschaffen. Dabei scheint es von großer Relevanz, den Unterschied zwischen der Kontrolle des Privaten und einem – im Kontext von *Work-Life-Balance*-förderlicher Führungsarbeit – angemessenen Interesse am Privatleben der Mitarbeiter*innen zu verstehen. Dieser Prozess ist nicht nur notwendig, um potenzielle Imbalance frühzeitig erkennen zu können, sondern auch um adäquate Lösungen für das Problem, beispielsweise in Form einer Veränderung der Arbeitsbedingungen durch *Work-Life-Balance-Maßnahmen*, finden zu können. Entscheidungen gegen den Willen des Arbeitnehmers, die beispielsweise im Kontext der interessierten Selbstgefährdung getroffen werden müssen (vgl. Kastner 2013, S. 312), sind zwangsläufig am Wohlergehen der Arbeitnehmenden und nicht an Bedürfnissen des Unternehmens zu orientieren. Für Führungskräfte bedeutet diese stark an einzelnen Mitarbeiter*innen orientierte Aufgabe eine zeitliche und inhaltliche Zunahme von Arbeitsaufwand. Individuelle (Vereinbarkeits-) Probleme frühzeitig zu erkennen und angemessene Lösungen zu finden, bedingt es, alle Mitarbeiter*innen verhältnismäßig gut einschätzen zu können, und stellt somit je nach Anzahl der Unterstellten eine hochkomplexe Aufgabe dar. Eine weitere Herausforderung kann in diesem Kontext sein, dass viele Arbeitnehmer*innen das Reden über private Problemfaktoren vermeiden, um eine gewisse Distanz zu ihrem Vorgesetzten zu wahren (vgl. Spatz 2014, S. 129). *Work-Life-Balance* förderliche Führungsarbeit muss in diesem Kontext also auch in Abhängigkeit von der Bereitschaft der Arbeitnehmenden betrachtet werden und kann teilweise dadurch begrenzt werden.

3.3.3 Analyse der Verhaltensebene

Führungskräften wird unter anderem in Bezug auf das Thema *Work-Life-Balance* eine Vorbildfunktion zugesprochen (vgl. Kapitel 3.2.), von welcher eine große Verantwortung für die Mitarbeiterschaft ausgeht. Auch im Rahmen von Clarks *Border Theory* lässt sich eine solche Rolle ablesen (vgl. Clark 2000, S. 766). Die positive Einflussnahme kann in der Praxis allerdings von mehreren Faktoren erschwert werden. So befinden sich Führungskräfte des unteren und mittleren Managements in einer sogenannten „Sandwich-Position" zwischen den Mitarbeiter*innen und den eigenen Vorgesetzten. Aus dieser in der angelsächsischen Forschung auch als „man-in-the-middle" bezeichneten Vermittlungs- und Pufferfunktion und der damit verbundenen Gleichzeitigkeit von Dienen und Herrschen ergeben sich hoch ambivalente Anforderungen an das Verhalten von Führungskräften (vgl. Pongratz 2003, S. 71). So scheint es für Führungskräfte notwendig, eine Synthese aus den eigenen Möglichkeiten und Ansprüchen an *Work-Life-Balance* und Führungsarbeit sowie den Erwartungen der bzw. des Vorgesetzten und der Mitarbeiter*innen herzustellen. In Anlehnung an Bandura ist anzunehmen, dass sich auch Führungskräfte in Sachen *Work-Life-Balance* bzw. *Work-Life-Balance* förderlicher Führung in einem gewissen Maße am Verhalten des bzw. der eigenen Vorgesetzten orientieren. Dies geschieht vor allem deshalb, weil in flachen Hierarchien die größere Entscheidungsgewalt von den eigenen Vorgesetzten ausgeht, alle Entscheidungen im Zweifel vor diesen gerechtfertigt werden müssen und diese Konsequenzen nach sich ziehen können. Im Rahmen einer qualitativen Erhebung von Maren Spatz zum *Work-Life-Balance-Prozess* von jungen Führungskräften konstatiert ein Interviewter:

> Und entsprechend wird es dann von den Unterführern – so nenne ich das jetzt einmal – nicht anders gemacht, weil die es entweder zum Teil genauso übernehmen, denken auch, dass das für sie die richtige Entscheidung ist. Oder aber sie denken es nicht, aber sie können es nicht ändern, weil sie es nach oben rechtfertigen müssen. Was sie dann nicht können, wenn der Chef es nicht genauso sieht. (Spatz 2014, S. 119)

Der hier angesprochene begrenzte Handlungsspielraum von Führungskräften des unteren und mittleren Managements kann also nicht nur mit Blick auf die Gestaltung von Arbeitsbedingungen einer positiven Einflussnahme auf die *Work-Life-Balance* der Mitarbeitenden im Wege stehen. Eine im Rahmen des 'Fehlzeiten-Reports' der AOK durchgeführte Erhebung unterstreicht diese Annahme und stellt fest, dass Führungskräften des unteren Managements am deutlichsten von Stressoren betroffen sind, sie aber gleichzeitig die geringsten Handlungsspielräume haben (vgl. Anhang, Abbildung 3). Darüber hinaus bleibt ihnen selbst häufig die Inanspruchnahme von *Work-Life-Balance-Maßnahmen*, beispielsweise aufgrund eines permanenten Anwesenheitsanspruchs seitens des Betriebes (vgl. Spatz 2014, S. 64f.), verwehrt. Gemeinsam mit dem im Kontext *entgrenzter Arbeit* wahrnehmbaren Zeit- und Leistungsdruck erschwert dies das aktive Vorleben einer gesunden Einstellung zur eigenen *Work-Life-Balance* (*SelfCare*). Eine Ohnmachtsannahme von Führungskräften in diesem Kontext (vgl. Kastner 2013, S. 313) soll im Rahmen dieser Arbeit allerdings nicht geteilt werden. Auch wenn einige Handlungsoptionen von der vorherrschenden Unternehmenskultur bzw. dem Vorgesetzten bestimmt werden, steht es Personalführenden frei, eigene Wertvorstellungen zu teilen und Mitarbeiter*innen im Rahmen der gegebenen Möglichkeiten zu einer *Work-Life-Balance* förderlichen Arbeits- und Lebensweise zu ermutigen. Darüber hinaus soll auch die Möglichkeit des machtvollen Handelns (vgl. Giddens 1988, S. 65f.), sprich die Beeinflussung gegebener Strukturen und Haltungen des eigenen Vorgesetzten, betont werden. Hier ist in Anlehnung an Luhmann von einer ähnlichen Beziehungsstruktur wie zwischen Arbeitnehmer und Führungskraft auszugehen (vgl. Luhmann 2016, S. 97). Dennoch bleibt festzuhalten, dass Führungskräfte des unteren und mittleren Managements je nach Unternehmenskultur und Einstellung des eigenen Vorgesetzten, in ihren Verhaltensoptionen stark eingeschränkt sein können. Ein gutes Vorbild für gelebte *Work-Life-Balance* darzustellen, wird unter diesen Bedingungen zu einer nur bedingt lösbaren Aufgabe, die mit einem hohen Maß an Ambiguitätstoleranz und Vermittlungsarbeit verbunden ist.

3.4 Die Rolle von Führungskräften im *Work-Life-Balance-Prozess* ihrer Mitarbeiter*innen – Ergänzung von Sue Campbell Clarks Border Theory

Führungsarbeit befindet sich auch weiterhin in einem Wandlungsprozess. Durch das Schaffen flacher Hierarchien scheinen Führungskräfte aber keinesfalls an Bedeutung eingebüßt zu haben (vgl. Pongratz 2003, S. 18f.). So hat auch die Analyse der Aufgabe *Work-Life-Balance* für Führungskräfte gezeigt, welch große Verantwortung auf den Schultern der Personalverantwortlichen lastet. Das Paradoxon der stark steigenden Anforderungen an Führungsarbeit bei nahezu gleichbleibenden Handlungsspielräumen kann besonders bei Führungskräften des unteren und mittleren Managements für Verunsicherung in Bezug auf ihre Rolle führen (vgl. Faust et al. 2000, S. 154). Führungskräfte sind im Kontext der *Entgrenzung von Arbeit* nicht mehr (nur) als Erfüllungsgehilfe einer eindeutigen Kapitallogik zu begreifen, sondern müssen die teils ambivalente Gleichzeitigkeit von wirtschaftlichen Anforderungen und Gesunderhaltungsnormen managen. Das Einhalten von Grenzen zwischen den Sphären *Arbeit* und *Leben* zu überwachen, wird immer seltener zur Anforderung an Führungarbeit. Stattdessen sehen sich Führungskräfte immer häufiger mit der *Entgrenzung* bestehender Strukturen konfrontiert. Mit Blick auf den *Work-Life-Balance-Prozess* der Mitarbeiter*innen scheint der von Clark gewählte Begriff des *Grenzwächters* die Rolle von Führungskräften nicht (mehr) angemessen zu beschreiben. Alternativ soll in diesem Zusammenhang der Begriff des *Entgrenzungsgehilf*innen* vorgeschlagen werden. In der Vielfalt der Synonyme zum Begriff des *Gehilfen* (vgl. Duden online 2019, Begriffsbedeutung *Gehilfe*) spiegelt sich die Rollenspannweite von Führungskräften im Balanceprozess auf treffende Art und Weise wider. Werden sie den Anforderungen an *Work-Life-Balance* förderliche Führungsarbeit gerecht, können sie durchaus als *Entgrenzungshelfer*innen* verstanden werden und in dieser Rolle eine wichtige Unterstützung im Umgang mit den Auswirkungen *entgrenzter Arbeit* darstellen. Mit Blick auf die teilweise stark begrenzten Handlungsoptionen und Ressourcen und die doppelte Rationalisierungslogik von *Work-Life-Balance-Maßnahmen* können sie aber auch (ob unfreiwillig oder nicht) zum „Handlanger" betrieblicher Flexibilisierungsstrategien werden. In diesem Fall kann die durch die Führungskraft ermöglichte Flexibilität zum *Danaergeschenk* werden, da sich diese primär an Bedürfnissen des Unternehmens orientiert. Der Begriff soll nicht zwangsläufig implizieren, dass Führungskräfte damit, bildlich gesehen, einen Nachteil für die *Work-Life-Balance* der „Empfänger" beabsichtigen oder in Kauf nehmen, er soll diese Option aber auch nicht ausschließen. Wie Führungskräfte *Work-Life-Grenzen* gestalten bzw. welche Handlungsspielräume und Entscheidungsoptionen sie den Arbeitnehmenden gewähren, diese Grenzen eigenständig zu gestalten, hängt, so hat die vorliegende Analyse gezeigt, oftmals nicht nur von einem gesteigerten Interesse der Führenden an der Gesunderhaltung der Mitarbeiter*innen ab. Um die erkannten Wirkungszusammenhänge im Kontext des *Work-Life-Balance-Prozesses* zu verdeutlichen, wurde Sue Campbell Clarks Schaubild zur *Border Theory* ins Deutsche übersetzt und um die gewonnenen Erkenntnisse erweitert (vgl. Anhang, Abbildung 5):

Ergänzt wird das Modell um den Hintergrund der *Entgrenzung von Arbeit*, vor welchem im Rahmen dieser Abhandlung Erkenntnisse gewonnen wurden. Symbolisiert werden soll dieser durch den grauen Kasten, welcher das *Work-Life-Balance-Modell* umgibt. Durch diesen soll auch der grundlegende Anstieg an Komplexität im Arbeitsalltag abgebildet werden. Weggelassen werden hingegen die von Clark aufgenommen Beispiele für grenzdurchdringende Elemente [„Permeations"]. Dies geschieht nicht, weil sie keine Gültigkeit mehr haben, sondern weil sie keinen entscheidenden Beitrag zum Verständnis des Modells leisten und irritierend auf den Betrachter wirken könnten. Bestehen bleibt allerdings, dass die beiden Sphären *Familie* bzw. *Leben* und *Arbeit* als zwei getrennte und einer unterschiedlichen Logik folgende Handlungsbereiche (gekennzeichnet durch die unterschiedliche Farbgebung der Sphären) verstanden werden. Die gleiche Größe der die Lebensbereiche symbolisierenden Ovale soll nicht, wie etwa beim Modell einer Wippe, bedeuten, dass für *Work-Life-Balance* eine gleiche Gewichtung der Sphären von Nöten ist.

Vielmehr soll damit verdeutlicht werden, dass keine Hierarchisierung der Lebensbereiche per se besteht. Potenzielle Ungleichgewichtungen sind von Grenzsetzenden gewollt oder werden von diesen für notwendig befunden. Der Grenzbereich
zwischen den Sphären weist weiterhin durchlässige Stellen zu den Sphären *Arbeit*
und *Leben* auf. Die Durchlässigkeit der für die *Work-Life-Balance* relevanten Grenzen werden im Rahmen des Modells vor allem von den *Grenzgänger*innen* bestimmt. Auch Führungskräften und Ehegatten bzw. Partner*innen wird ein Einfluss
auf die Grenzziehung zwischen den Lebensbereichen bzw. die *Work-Life-Balance*
der *Grenzgänger*innen* zugesprochen. Führungskräfte des unteren und mittleren
Managements sollen in diesem Zusammenhang, wie bereits erwähnt, als *Entgrenzungsgehilf*innen* charakterisiert werden. Da angenommen wird, dass auch Partner*innen und Ehegatten im Kontext der *Entgrenzung von Familie* (siehe dazu Jurczyk et al. 2009) nicht mehr zwangsläufig als *Grenzwächter*innen* zu verstehen
sind, sollen diese im Rahmen des Modells keine spezifische Rollenbeschreibung erhalten. Die Abstinenz von aufgeführten Möglichkeiten und Einschränkungen der
Einflussnahme von privaten Bezugspersonen soll nicht etwa symbolisieren, dass
diese nicht existieren. Gleiches gilt für Faktoren, die den/die Grenzgänger*in in ihrer Grenzsetzung beeinflussen. Der Umfang der vorliegenden Arbeit lässt aber lediglich eine Fokussierung auf einen Akteur, in diesem Fall die Führungskräfte, zu.
Bestehende Forschungslücken sind im Zuge weiterer Forschung zu schließen, um
das ergänzte Modell zu vervollständigen.

Neu in das Modell eingearbeitet wurden sowohl die Möglichkeiten der (positiven)
Einflussnahme von *Entgrenzungsgehilf*innen* auf die *Work-Life-Balance* der *Grenzgänger*innen* als auch die hemmenden bzw. begrenzenden Faktoren. Wie im Rahmen dieser Arbeit gezeigt wurde, können Vorgesetzte vor allem im Rahmen ihrer
Vorbildsfunktion (Verhaltensebene), durch gelungene Kommunikation (Kommunikationsebene) und das Schaffen von *Work-Life-Balance* ermöglichenden Arbeitsbedingungen (strukturelle Ebene) positiv auf den Balanceprozess ihrer Mitarbeiter*innen einwirken. Dies soll durch den großen grünen Pfeil symbolisiert werden.
Da angenommen wird, dass die/der *Grenzgänger*in* in einem gewissen Rahmen
Einfluss auf den *Entgrenzungsgehilf*innen* bzw. Faktoren, die die positive Einflussnahme dieser erleichtern, nehmen kann, reicht der Pfeil bis in den Grenzbereich
hinein. Die Kommunikationsebene reicht dabei deshalb am weitesten in diesen
hinein, da, wie die Analyse gezeigt hat, die Bereitschaft der Arbeitnehmer*innen,
über das Privatleben zu kommunizieren, eine entscheidende Komponente darstellt, um Führungskräften die positive Einflussnahme zu ermöglichen.

Neben den *Grenzgänger*innen*, Ehegatten bzw. Partner*innen und *Entgrenzungsgehilf*innen* wurde dem Modell ein vierter Akteur hinzugefügt: das obere Management bzw. die Vorgesetzten der *Entgrenzungsgehilf*innen*. Diese schneiden, mit Blick auf das Schaubild, die Arbeitswelt der *Grenzgänger*innen*, da angenommen wird, dass die höhere Führungsebene entweder in persona Teil der Arbeitswelt der *Grenzgänger*innen* ist oder durch ihre Entscheidungen einen indirekten Einfluss hat. Die Gewährung von Handlungs- und Entscheidungsspielräumen für den *Entgrenzungsgehilf*innen* und die Vorgabe erreichbarer Ziele können diese *Work-Life-Balance* förderliche Führungsarbeit des unteren und mittleren Managements unterstützen oder hemmen, so haben Ergebnisse zahlreicher im Rahmen dieser Arbeit dargestellter Studien gezeigt. Ihre Einstellung zu *Work-Life-Balance* ist auch deshalb relevant, weil *Entgrenzungsgehilf*innen* darüber hinaus ihre Entscheidungen vor ihren eigenen Vorgesetzten rechtfertigen müssen und dieser Umstand Einfluss auf deren Verhalten haben kann. Darüber hinaus ist das obere Management nicht nur für die Bereitstellung von *Work-Life-Balance-Maßnahmen* verantwortlich, sondern ist auch für die Wirkung dieser mitverantwortlich. Wie Führungskräfte zu Vereinbarkeitsfragen stehen, hängt größtenteils von ihren persönlichen Einstellungen zu diesem Thema ab und davon, welche Prioritäten gesetzt werden. Die Prioritäten wiederum können von zeitlichen Ressourcen und den Fähigkeiten der Führungskraft beeinflusst werden. Auch die Unternehmenskultur, welche grundsätzlich sowohl von *Grenzgänger*innen* und *Entgrenzungsgehilf*innen* als auch von deren Vorgesetzten und Mitgliedern des oberen Managements beeinflusst werden kann, allerdings in verschiedenem Maße, spielt in diesem Zusammenhang eine Rolle. Durch sie kann die Wichtigkeit von *Work-Life-Balance* vermittelt werden. Auf der anderen Seite kann durch sie auch Leistungsdruck auf die Arbeitnehmerschaft ausgeübt werden. Dieser kann wiederum zu einer erhöhten Gefahr von *Work-Life-Imbalancen* bei gleichzeitig geringer Bereitschaft zur Inanspruchnahme von *Work-Life-Balance-Maßnahmen* führen. Auch die Gefahr der „interessierten Selbstgefährdung" ist in diesem Falle erhöht.

Die Darstellung der Wirkuszusammenhänge in Bezug auf die potenziell hemmenden Faktoren erweist sich insgesamt als besonders herausfordernd. Diese per se als die positive Einflussnahme von Führungskräften begrenzend zu charakterisieren, würde der Realität sicherlich nicht gerecht werden. Nicht jede Führungskraft möchte überhaupt Einfluss auf die *Work-Life-Balance* ihrer Mitarbeiter*innen nehmen, tut es aber - wie gezeigt - zwangsläufig. Vermeintlich möchte auch nicht jede Führungskraft positiven Einfluss auf die *Work-Life-Balance* ihrer Mitarbeiter*innen nehmen. Anzunehmen ist in diesem Zusammenhang, dass einige Vorgesetzte sich vor allem darum kümmern, dass wirtschaftliche Ziele erreicht werden. Andere sehen sich vermutlich schlicht von den Anforderungen überfordert und müssen Prioritäten setzen, die nicht immer zugunsten der Arbeitnehmer*innen ausfallen. Die anhaltende Prominenz des Themas *Work-Life-Balance* in Betrieben und Gesellschaft scheint allerdings dazu beizutragen, dass die Gesunderhaltung der Arbeitnehmerschaft zur Norm für Führungsarbeit wird. Es wird angenommen, dass sich viele Personalführende davor nicht verschließen können und/oder wollen. Deshalb wird Führungskräften auch im Rahmen des Schaubildes ein grundsätzliches Interesse an *Work-Life-Balance* unterstellt. Wenn von potenziell hemmenden Faktoren die Rede ist und in diesem Kontext beispielsweise die Anforderungen des oberen Managements erwähnt werden, soll dadurch dennoch kein „Antiheldentum" ausgedrückt werden. Auch wenn im Rahmen der vorliegenden Arbeit gezeigt wurde, dass Vorgesetzte des unteren und mittleren Managements oft in ihren Handlungsoptionen stark eingeschränkt sind, steckt dahinter vermutlich oft keine böse Absicht des oberen Managements. Zu beachten ist in diesem Kontext, dass es sich meist um hochkomplexe Wirkungszusammenhänge handelt, die sich aus dem anhaltenden Wandlungsprozess von Arbeit ergeben und dessen Konsequenzen für die Arbeitnehmerschaft vorab nicht vollends zu beurteilen sind. Dennoch sind Unternehmen und auch Führungskräfte in der Pflicht, bestehende Missstände zu beseitigen und sich noch intensiver für die Ermöglichung von *Work-Life-Balance* einzusetzen. Dafür müssen unter Umständen auch etablierte Handlungsstrukturen und Denkmuster hinterfragt werden.

4 Fazit und Ausblick

Im Rahmen dieser Arbeit sollte die Frage beantwortet werden, welche Faktoren die (positive) Einflussnahme von Führungskräften auf die *Work-Life-Balance* ihrer Mitarbeiter*innen behindern oder begrenzen können. Um jene Faktoren ausfindig zu machen, wurden in einem ersten Schritt drei Ebenen der Einflussnahme erarbeitet: **Die strukturelle Ebene** umfasst in erster Linie die Arbeitsbedingungen der Arbeitnehmer*innen, über deren Gestaltung die Vorgesetzten direkten Einfluss auf die *Work-Life-Balance* nehmen können. Gleiches gilt für eine regelmäßige **Kommunikation** (repräsentiert durch die Kommunikationsebene) durch die und mit der Führungskraft. Im Rahmen dieser kann die Führungskraft Wertschätzung, Anerkennung und die Sinnhaftigkeit der Tätigkeiten vermitteln. Dies kann sich positiv auf das Wohlbefinden und somit die *Work-Life-Balance* der Mitarbeiter*innen auswirken. Darüber hinaus besteht die Möglichkeit, durch Mitarbeitergespräche potenzielle Imbalancen zu erkennen und Lösungen für jene gemeinsam zu erarbeiten. Im Rahmen der **Verhaltensebene** wird vor allem die Vorbildfunktion von Personalführenden beschrieben, durch welche diese einen gesunden Umgang mit dem Balanceprozess vorleben können und dadurch indirekt Einfluss auf die *Work-Life-Balance* der ihnen Unterstellten nehmen können.

Die Analyse der drei Ebenen hat ergeben, dass zahlreiche Faktoren die Einflussnahme potenziell behindern oder begrenzen können: Die im Kontext *entgrenzter Arbeit* sowie von *Megatrends* wie etwa der Globalisierung bemerkbare Zunahme an Komplexität und Verantwortung bei gleichbleibenden Handlungsspielräumen stellt Führungskräfte vor eine zeitliche und inhaltliche Herausforderung und kann eine Hürde für *Work-Life-Blance-förderliche* Führungsarbeit darstellen. Als ebenfalls hinderlich kann sich die „Sandwich-Position" von Führungskräften des unteren und mittleren Managements herausstellen. Diese bedingt den Umgang mit potenziell grundverschiedenen Erwartungen von Mitarbeiter*innen und den eigenen Vorgesetzten und kann ein hohes Maß an Ambiguitätstoleranz erfordern. Außerdem gilt es in den Prozess der Synthese der Erwartungen die eigenen Bedürfnisse und Ansprüche mit einzubeziehen. Gelingt dieser Prozess nicht, weil etwa die Anforderungen zu verschieden sind oder die Führungskraft sich gezwungen sieht, wirtschaftlichen Erfordernissen einen höheren Stellenwert beizumessen, kann dies *Work-Life-Balance-förderliche* Führungsarbeit stark begrenzen. Zur Herausforderung für Vorgesetzte kann aber auch der Arbeitnehmende selbst werden. So kommt es vor allem durch die *Entgrenzung von Arbeit* zu einer Zunahme von Verantwortung auf der operativen Ebene. In Kombination mit einer stark auf Leistung fokussierten Unternehmenskultur kann dies bewirken, dass Mitarbeiter*innen nicht (mehr) eigenständig in der Lage sind, „gesunde Grenzen" zwischen den Lebensbereichen zu setzen. Die positive Einflussnahme durch Führungskräfte wird in diesem Zusammenhang vor allem dadurch erschwert, dass sich jene Mitarbeiter*innen gegen jegliche Hilfe von außen wehren und versuchen, sich keine „Schwäche" anmerken zu lassen. Als weitere Hürde für Führungsarbeit haben sich die *Work-Life-Balance-Maßnahmen* selbst herausgestellt. Diese werden vielen Führungskräften bereitgestellt, um über die Veränderung der Arbeitsbedingungen positiven Einfluss auf die *Work-Life-Balance* ihrer Mitarbeiter*innen nehmen zu können. In der Praxis zeigen diese allerdings häufig eine gegenteilige oder zumindest ambivalente Wirkung und können zu einer Extensivierung und Intensivierung von Arbeit führen. Fraglich bleibt allerdings, ob und inwiefern Vorgesetzte daran eine (Mit-)Schuld tragen können.

Mit Blick auf die Ergebnisse der ersten Forschungsfrage konnten auch Schlüsse in Bezug auf die zweite Forschungsfrage gezogen werden: Im *Work-Life-Balance-Prozess* der Mitarbeiter*innen können Führungskräfte des unteren und mittleren Managements, in Anlehnung an Sue Campbell Clarks *Border Theory*, als *Entgrenzungsgehilf*innen* charakterisiert werden. Der gewählte Begriff soll sowohl die Möglichkeit der positiven Einflussnahme, im Sinne eines *Entgrenzungshelfers*, abbilden, als auch, mit Blick auf die begrenzten Handlungsoptionen von Führungskräften und die doppelte Rationalisierungslogik von *Work-Life-Balance-Maßnahmen*, die gewollte oder ungewollte Rolle eines Handlangers betrieblicher Flexibilisierungsstrategien abbilden.

Da die erarbeiteten Ergebnisse lediglich auf Basis bestehender Forschungsergebnisse erarbeitet werden konnten und somit weder für Vollständigkeit der Einflussmöglichkeiten von Führungskräften noch der hemmenden Faktoren garantiert werden kann, erscheint es sinnhaft, die gewonnenen Ergebnisse zu verifizieren. Im Rahmen einer Befragung mit standardisierten Fragebögen könnte in einem ersten Schritt ermittelt werden, wie viele der befragten Führungskräfte aus dem unteren und mittleren Management sich von den dargestellten Faktoren in ihrer Einflussnahme auf die *Work-Life-Balance* der Mitarbeiter*innen begrenzt fühlen und in welchem Maße. Im Rahmen von Experteninterviews könnten darüber hinaus weitere hemmende Faktoren ermittelt werden und konkretere Erkenntnisse über die Wirkungsweise und Zusammenhänge dieser gewonnen werden.

Die vorliegende Arbeit hat gezeigt, dass Führungskräfte nicht zu unrecht im Kontext von *Work-Life-Balance* häufig in die Verantwortung gerufen werden. Gleichsam wird allerdings deutlich, dass es vor dem Hintergrund *entgrenzter* Arbeit nicht die Vorgesetzten allein sind, die darüber entscheiden, ob Balance-förderliche Arbeitsbedingungen geschaffen werden können. Zu dieser Erkenntnise wurde im Rahmen dieser Arbeit ein entscheidender Beitrag geleistet. Auf Basis der Erkenntnisse über die erarbeiteten hemmenden Faktoren lassen sich daher folgende <u>Handlungsempfehlungen</u> treffen:

Für Unternehmen gilt es, *Work-Life-Balance-Maßnahmen* mehr an den Bedürfnissen der Arbeitnehmer*innen zu orientieren, um deren Gesunderhaltung zu garantieren. Die Gleichzeitigkeit von Leistungsdruck und Gesunderhaltungsnormen sorgt häufig für einen gegenteiligen Effekt. Um dies zu erreichen, gilt es darüber hinaus, Führungskräften des unteren und mittleren Managements mehr Handlungsspielräume zur Verfügung zu stellen, damit diese wirtschaftlichen Ansprüchen und den Bedürfnissen der ihnen Unterstellten gleichermaßen gerecht werden können.

Führungkräfte hingegen sollten noch mehr Verständnis für ihre eigene Situation schaffen. Gespräche mit den Mitarbeiter*innen über ihre Situation und die Existenz von begrenzenden Faktoren kann die Einsicht von schwierigen oder unpopulären Entscheidungen fördern. Ebenso sollte man sich auch den eigenen Vorgesetzten erklären. Die Notwendigkeit der Gewährung von *Work-Life-Balance-Maßnahmen* von Mitarbeiter*innen, aber auch Schwierigkeiten *Work-Life-Balance* förderlicher Führungsarbeit können dadurch verdeutlicht werden. Durch derartige Kommunikation lassen sich Konflikte potenziell vermeiden. Mit Blick auf die Vorbildfunktion von Führungskräften können auch Arbeitnehmer*innen davon profitieren.

Für Mitarbeiter*innen kann es hilfreich sein zu beachten, dass die Vorgesetzten nicht völlig frei in ihrem Handeln sind. Gespräche über die Hintergründe von Entscheidungen können die Akzeptanz dieser steigern und die eigene *Work-Life-Balance* fördern. Gleichzeitig sollte die Verbesserung der eigenen Arbeitsbedingungen offen angesprochen und auch eingefordert werden. Dabei sollte aber auch der eigene Beitrag offen reflektiert werden. Im Rahmen dieser Arbeit wurde etwa gezeigt, dass der offene Umgang mit privaten Problemen zu einer Verbesserung der *Work-Life-Balance* beitragen kann.

Insgesamt wird deutlich, dass die Aufgabe *Work-Life-Balance* für viele Führungskräfte zur Belastung wird und sich in Anbetracht der damit verbundenen Anforderungen auch negativ auf die eigene *Work-Life-Balance* auswirken kann. Aus zahlreichen Studien geht hervor, dass Führungskräfte mit der Arbeit an sachbezogenen

Aufgaben bereits mehr als ausgelastet sind und sie sich von personenbezogenen Aufgaben überfordert fühlen. Doch gerade weil Arbeitnehmer*innen vor dem Hintergrund *entgrenzter Arbeitsformen* mit immer mehr Verantwortung umzugehen haben und sich verstärkt Gefahren der Überarbeitung aussetzen, werden Führungskräfte in ihrer Rolle als <u>Personal</u>führende gebraucht. Da Unternehmen derzeit eine restriktive Personalpolitik fahren, ist zu erwarten, dass Diskrepanzen in naher Zukunft bestehen bleiben. Um zu einer Lösung dieser Problematik zu gelangen, braucht es tatsächlich an der Gesunderhaltung der Mitarbeiter*innen orientierte betriebliche Maßnahmen. Entscheidend ist in diesem Zusammenhang auch die Unternehmenskultur. Einen interessanten Ansatz liefert in diesem Kontext beispielsweise das Forschungsprojekt Lanceo, in dessen Rahmen das Konzept der „Balanceorientierten Leistungspolitik" entwickelt wurde (siehe dazu Kratzer et al. 2015). Inwiefern hingegen Konzepte, wie das aktuell in großen Chemieunternehmen diskutierte Modell des „Persönlichen Zukunftskontos", zu einer Verbesserung der Situation beitragen können, ist mehr als fraglich. So ist davon auszugehen, dass die Wahl zwischen Geld und Urlaubstagen keinesfalls „frei" ist, sondern diese, ähnlich wie bei der Inanspruchnahme anderer *Work-Life-Balance-Maßnahmen*, von anderen Faktoren bestimmt wird. Darüber hinaus wurde auch im Rahmen dieser Arbeit gezeigt, dass Flexiblisierung oftmals an den Bedürfnissen der Betrieben orientiert bleibt. Die Wahl der Urlaubstage wird also vermutlich nicht frei von Einschränkungen sein.

So wird es in Zukunft die Aufgabe von Betrieben, Führungskräften und auch der *Work-Life-Balance-Forschung* sein, echte Optionen zur Gesunderhaltung der Arbeitnehmer*innen zu erarbeiten.

Literaturverzeichnis

Wer Homeoffice macht, ist öfter erschöpft - aber zufriedener (2019): In: Spiegel, 17.09.2019. Online verfügbar unter https://www.spiegel.de/karriere/umfrage-wer-homeoffice-macht-ist- oefter-erschoepft-und-lustlos-a-1287094.html, zuletzt geprüft am 02.10.2019.

Abele, Andrea E. (2005): Ziele,Selbstkonzept und Work-Life-Balance bei der längerfristigen Lebensgestaltung. Befunde der Erlanger Längsschnittstudie BELA-E mit Akademikerinnen und Akademikern. In: Zeitschrift für Arbeits- und Organisationspsychologie (49 (4)), S. 176– 186.

Badura, Bernhard; Ducki, Antje; Schröder, Helmut (Hg.) (2011): Führung und Gesundheit. Berlin, Heidelberg: Springer (Fehlzeiten-Report, 2011).

Badura, B.; Ducki, A.; Schröder, H.; Klose, J.; Meyer, M. (Hg.) (2018): Sinn erleben - Arbeit und Gesundheit. Berlin, Heidelberg: Springer (Fehlzeiten-Report, 2018).

Badura, B., Ducki, A., Schröder, H., Klose, J., Meyer, M. (Hg.) (2019): Digitalisierung – Gesundes Arbeiten ermöglichen. Berlin, Heidelberg: Springer-Verlag (Fehlzeiten-Report 2019).

Bamberg, Eva (Hg.) (2011): Gesundheitsförderung und Gesundheitsmanagement in der Arbeitswelt. Ein Handbuch. Göttingen: Hogrefe.

Bandura, Albert; Kober, Hainer (1976): Lernen am Modell. Ansätze zu einer sozial-kognitiven Lerntheorie. 1. Aufl. Stuttgart: Klett.

Beck, Ulrich; Lau, Christoph; Bonß, Wolfgang (Hg.) (2004): Entgrenzung und Entscheidung. Was ist neu an der Theorie reflexiver Modernisierung? Orig.-Ausg., 1. Auflage. Frankfurt am Main: Suhrkamp.

Beile, Judith; Jahnz, Sebastian (2007): Work-Life-Balance in der Unternehmenspraxis. In: Sozialwissenschaften und Berufspraxis (SuB30 (1), S. 85–102.

Blahopoulou, Joanna (2013): Work-Life-Balance-Maßnahmen. Organisationale Unterstützung und ihre Auswirkungen. Augsburg: Rainer Hampp Verlag.

Blessin, Bernd; Wick, Alexander (2017): Führen und führen lassen. Ansätze, Ergebnisse und Kritik der Führungsforschung. 8., überarbeitete Auflage. Konstanz, Konstanz, München: UTB; UVK/Lucius.

Böhle, Fritz; Voß, G. Günter; Wachtler, Günther (Hg.) (2018): Handbuch Arbeitssoziologie. Band 2: Akteure und Institutionen. 2. Aufl. 2018. Wiesbaden: Springer Fachmedien Wiesbaden.

Bonß, Wolfgang (Hg.) (2011): Macht und Herrschaft in der reflexiven Moderne. 1. Aufl. Weilerswist: Velbrück.

Bornewasser, Manfred (2013): Arbeitszeit - Zeitarbeit. Flexibilisierung der Arbeit als Antwort auf die Globalisierung. Wiesbaden: Springer.

Buchenau, Peter (2017): Chefsache Gesundheit I – Der Führungsratgeber fürs 21. Jahrhundert. Wiesbaden: Springer-Gabler.

Bundesarbeitsgericht (2012): BUNDESARBEITSGERICHT Urteil vom 16.2.2012, 8 AZR 98/11. Online verfügbar unter http://juris.bundesarbeitsgericht.de/cgibin/rechtsprechung/document.p- y?Gericht=bag&Art=en&Datum=2012-2-6&nr=16019&pos=13&anz=14, zuletzt geprüft am 19.09.2019.

Bundesministerium für Arbeit und Soziales (2016): Kleine Anfrage der Abgeordneten Jutta Krellmann u. a. und der Fraktion DIE LINKE betreffend Arbeitszeiten in Deutschland. Hg. v. Bundesministerium für Arbeit und Soziales. Online verfügbar unter https://www.linksfraktion.de/fileadmin/user_upload/PDF_Dokumente/- Kleine_Anfrage_18-9257_-_Antwort.pdf, zuletzt geprüft am 23.09.2019.

Bundesministerium für Arbeit und Soziales (2018): Das Arbeitszeitgesetz. Hg. v. Bundesministerium für Arbeit und Soziales. Bonn. Online verfügbar unter https://www.bmas.de/SharedDocs/Downloads/D- E/PDF-Publikationen/a120-arbeitszeitgesetz.pdf_blob=publication- File&v=8, zuletzt geprüft am 12.10.2019.

Bundesministerium für Familie, Senioren, Frauen und Jugend (Hg.) (2005): Work-Life-Balance - Motor für wirtschaftliches Wachstum und gesellschaftliche Stabilität. Analyse der volkswirtschaftlichen Effekte - Zusammenfassung der Ergebnisse. Online verfügbar unter https://www.bmfsfj.de/blob/95550/eb8fab2- 2f858838abd0b8dad4- 7cbe95d/work-life-balance-data.pdf, zuletzt geprüft am 08.09.2019.

Bundeszentrale für Politische Bildung; Deutschland; Wissenschaftszentrum Berlin für Sozialforschung; Deutsches Institut für Wirtschaftsforschung (2018): Datenreport 2018. Ein Sozialbericht für die Bundesrepublik Deutschland. Bonn: Bundeszentrale für politische Bildung.

Clark, Sue Campbell (2000): Work/Family Border Theory: A New Theory of Work/Family Balance. In: Human Relations (53), S. 747–770.

Collatz, Annelen; Gudat, Karin (2011): Work-Life-Balance. Göttingen: Hogrefe.

den Dulk, L.; Ruijter, J. de (2008): Managing work-life policies: disruption versus dependency arguments. Explaining managerial attitudes towards employee utilization of worklife policies. In: The international journal of human resource management 19 (7), S. 1222–1236.

Duden online (2019): Begriffsbedeutung der Gehilfe. Online verfügbar unter https://www.duden.de/rechtschreibung/Gehilfe, zuletzt geprüft am 22.10.2019.

Duden online (2019): Begriffsbedeutung der Wächter. Online verfügbar unter https://www.duden.de/rechtschreibung/Waechter, zuletzt geprüft am 23.10.2019.

Ehresmann, Cona; Badura, Bernhard (2018): Sinnquellen in der Arbeitswelt und ihre Bedeutung für die Gesundheit. In: Bernhard Badura, Antje Ducki, Helmut Schröder, Joachim Klose und Markus Meyer (Hg.): Sinn erleben - Arbeit und Gesundheit. Berlin: Springer Verlag (Fehlzeiten- Report, 2018), S. 47–63.

Eichhorst, Werner; Tobsch, Verena (2014): Flexible Arbeitswelten Bericht an die Expertenkomission "Arbeits und Lebensperspektiven in Deutschland". Online verfügbar unter https://www.bertelsmannstiftung.de/fileadmin/files/BSt/Publikationen/

Graue-Publikationen/GP_Flexible_Arbeitswelten.pdf, zuletzt geprüft am 19.10.2019

Ellguth, Peter; Liebold, Renate; Trinczek, Rainer (1998): „Double Squeeze" Manager zwischen veränderten beruflichen und privaten Anforderungen. In: Kölner Zeitschrift für Soziologie und Sozialpsychologie 50 (3), S. 517–535.

Faust, Michael; Jauch, Peter; Notz, Petra (2000): Befreit und entwurzelt. Führungskräfte auf dem Weg zum "internen Unternehmer". 1. Auflage. Mering: Rainer Hampp Verlag.

Felfe, Jörg (Hg.) (2015): Trends der psychologischen Führungsforschung. Göttingen, Bern, Wien: Hogrefe.

Felfe, Jörg; Pundt, Franziska; Krick, Annika (2017): Gesundheitsförderliche Führung = Ressource für Beschäftigte - Belastung für Führungskräfte? In: Der Wert der Arbeit: Festschrift Verabschiedung von Eva Bamberg, S. 241–255.

Franke, F.; Felfe, J. (2011): Diagnose gesundheitsförderlicher Führung – Das Instrument „Health-oriented Leadership". In: Bernhard Badura, Antje Ducki und Helmut Schröder (Hg.): Führung und Gesundheit. Berlin, Heidelberg: Springer (Fehlzeiten-Report, 2011), S. 3–15.

Franke, F.; Felfe, J.; Vincent, S. (2011): Gesundheitsbezogene Führung. In: Eva Bamberg (Hg.): Gesundheitsförderung und Gesundheitsmanagement in der Arbeitswelt. Ein Handbuch. Göttingen: Hogrefe.

Freier, Kerstin (2005): Work-Life-Balance- Zielgruppenanalyse am Beispiel eines deutschen Automobilkonzerns. Frankfurt am Main: Lang.

Freitag, K.; Freitag, M. (2016): Was versteht man unter agiler Führung? In: Organisationsentwicklung 35 (2), S. 69–73.

Frey, Dieter (1996): Warum braucht der Mensch Arbeit - und unter welchen Bedingungen erreichen wir gleichzeitig Effizienz und Menschlichkeit in den Betrieben? In: Zukunft der Arbeit. Sonderheft der Zweimonatsschrift Politische Studien (47), S. 8–23.

Friedman, Howard S.; Schustack, Miriam W.; Rindermann, Heiner (2004): Persönlichkeitspsychologie und differentielle Psychologie. 2., aktualisierte Aufl. München: Pearson Studium.

Frone, Michael R. (2003): Work-family balance. In: James Campbell Quick und Lois E. Tetrick (Hg.): Handbook of occupational health psychology. Washington: American Psychological Association, S. 143–162.

Fürstenberg, Friedrich (1975): Konzeption einer interdisziplinär organisierten Arbeitswissenschaft. Göttingen: Schwartz.

Gaugler, E.; Oechsler, W. A.; Weber, W. (Hg.) (2004): Handwörterbuch des Personalwesens. 3. Aufl. Stuttgart: Schäffer-Poeschel.

Giddens, Anthony (1988): Die Konstitution der Gesellschaft. Grundzüge einer Theorie der Strukturierung. Frankfurt: Campus-Verl.

GKV-Spitzenverband (2014): Leitfaden Prävention. Hg. v. GKV- Spitzenverband. Berlin. Online verfügbar unter https://www.gkv- spitzenverband.de/media/dokumente/presse/publikationen/Leitfaden_ Pravention_2018_barrierefrei.pdf, zuletzt geprüft am 21.09.2019.

Gottschall, Karin; Voß, Gerd Günter (Hg.) (2005): Entgrenzung von Arbeit und Leben. Zum Wandel der Beziehung von Erwerbstätigkeit und Privatsphäre im Alltag. 2., verb. Aufl. München: Rainer Hampp Verlag.

Habermas, Jürgen (1981): Theorie des kommunikativen Handelns. Frankfurt am Main: Suhrkamp-Verlag.

Haas, Ernst B. (1958): The Uniting of Europe; Political, Social and Economic Forces. Stanford: Stanford University Press.

Häcker, Hartmut; Stapf, Kurt (2009): Dorsch Psychologisches Wörterbuch. Bern: Huber-Verlag.

Hirsch-Kreinsen, Hartmut; Minssen, Heiner (2017): Lexikon der Arbeits- und Industriesoziologie. Baden-Baden: Nomos Verlagsgesellschaft mbH & Co. KG.

Hoff, Ernst-H.; Grote, Stefanie; Dettmer, Susanne; Hohner, Hans-Uwe; Olos, Luiza (2005): Work-Life-Balance: Berufliche und private Lebensgestaltung von Frauen und Männern in hoch qualifizierten Berufen. In: Zeitschrift für Arbeits- und Organisationspsychologie, (49), S. 196-207.

Holzer, Christian (2013): Unternehmenskonzepte zur Work-Life-Balance Ideen und Know-how für Fuhrungskrafte. Erlangen: Publicis.

Homans, George (1958): Social Behaviour as Exchange. In: American Sociological Review 63 (6), S. 597-606.

IKEA Deutschland (2019, 05.07.): IKEA Spot "Selbsthilfegruppe" (45 Sek) [YoutTube]. Online verfügbar unter: https://www.youtube.com/watch?v=6RY07YaIgXc, zuletzt geprüft am 10.11.2019.

Jeschke, Sabina (Hg.) (2011): Innovation im Dienste der Gesellschaft. Beiträge des 3. Zukunftsforums Innovationsfähigkeit des BMBF. Deutschland; Zukunftsforum Innovationsfähigkeit. Frankfurt am Main: Campus-Verlag.

Jurczyk, Karin; Schier, Michaela; Szymenderski, Peggy; Lange, Andreas; Voß, G. Günter (2009): Entgrenzte Arbeit - entgrenzte Familie. Grenzmanagement im Alltag als neue Herausforderung. 1. Aufl. Berlin: edition sigma.

Jürgens, Kerstin (2007): Die Ökonomisierung von Zeit im flexiblen Kapitalismus. In: WSI-Mitteilungen 4 (60), S. 167–173.

Jürgens, Kerstin (2009): Arbeits- und Lebenskraft. Reproduktion als eigensinnige Grenzziehung. 2. Aufl. Wiesbaden: VS Verlag für Sozialwissenschaften.

Jürgens, Kerstin (2018): Arbeit und Leben. In: Fritz Böhle, G. Günter Voß und Günther Wachtler (Hg.): Handbuch Arbeitssoziologie. Band 2: Akteure und Institutionen. 2. Aufl. 2018. Wiesbaden: Springer Fachmedien Wiesbaden, S. 99–133.

Kaiser, S.; Ringlstetter, M.; Reindl, C. U.; Stolz, M. L. (2010): Die Wirkung von Work-Life Balance Initiativen auf das Mitarbeitercommitment. Eine empirische Untersuchung in der Unternehmensberatungsbranche. In: German Journal of Human Resource Management: Zeitschrift für Personalforschung 24 (3), S. 231–265.

Kasper, H.; Heinrich, M. (2004): Arbeitszeit und Freizeit. In: E. Gaugler, W. A. Oechsler und W. Weber (Hg.): Handwörterbuch des Personalwesens. 3. Aufl. Stuttgart: Schäffer-Poeschel, S. 433–444.

Kastner, Michael (2004): Die Zukunft der Work Life Balance. Wie lassen sich Beruf und Familie, Arbeit und Freizeit miteinander vereinbaren? Kröning: Asanger-Verlag.

Kastner, Michael (2013): Die Zukunft der Work Life Balance. Wie lassen sich Beruf und Familie, Arbeit und Freizeit miteinander vereinbaren? 5. Aufl. Kröning: Asanger-Verlag.

Kleemann, Frank; Matuschek, Ingo; Voß, Günter (2002): Subjektivierung von Arbeit – Ein Überblick zum Stand der soziologischen Diskussion. In: Manfred Moldaschl, Günter Voß (Hg.): Subjektivierung von Arbeit. München, Mering: Rainer Hampp Verlag, S. 53- 101.

Klimpel, Melanie; Schütte, Tina (2006): Work-Life-Balance. Eine empirische Erhebung. 1. Aufl. München: Rainer Hampp Verlag.

Korek, S.; Felfe, J.; Franke, F. (2015): Führungsspielraum. In: Jörg Felfe (Hg.): Trends der psychologischen Führungsforschung. Göttingen, Bern, Wien: Hogrefe, S. 213–222.

Kossek, Ellen Ernst; Lambert, Susan (2005): Work and Life Integration: Organizational, Cultural, and Individual Perspectives. Mahwah/London: Erlbaum.

Kratzer, Nick (2003): Arbeitskraft in Entgrenzung. Grenzenlose Anforderungen, erweiterte Spielräume, begrenzte Ressourcen. Berlin: Ed. Sigma (Forschung aus der Hans-Böckler-Stiftung, 48).

Kratzer, Nick; Sauer, Dieter (2005): Entgrenzung von Arbeit: Konzept, Thesen, Befunde. In: Karin Gottschall und Gerd Günter Voß (Hg.): Entgrenzung von Arbeit und Leben. Zum Wandel der Beziehung von Erwerbstätigkeit und Privatsphäre im Alltag. 2., verb. Aufl. München: Rainer Hampp Verlag, S. 87–124.

Kratzer, Nick; Becker, Karina; Hinrichs, Stephan; Dunkel, Wolfgang (Hg.) (2011): Arbeit und Gesundheit im Konflikt. Analysen und Ansätze für ein partizipatives Gesundheitsmanagement. 1. Auflage. Baden-Baden: Nomos Verlagsgesellschaft mbH & Co. KG.

Kratzer, Nick; Menz, Wolfgang; Pangert, Barbara (2015): Work-Life- Balance - eine Frage der Leistungspolitik. Analysen und Gestaltungsansätze. Wiesbaden: Springer VS.

Krause, A.; Dorsemagen, C.; Peters, K. (2010): Interessierte Selbstgefährdung: Nebenwirkung moderner Managementkonzepte. In: Wirtschaftspsychologie aktuell. Berlin: Deutscher Psychologen-Verlag. Bd. 17, Heft 2, S. 33–35.

Krusche, Bernhard (2008): Paradoxien der Führung. Aufgaben und Funktionen für ein zukunftsfähiges Management. 1. Aufl. Heidelberg: Carl-Auer-Verlag.

Lambert, Susan (1990): Processes Linking Work and Family. A Critical Review and Research Agenda. In: Human Relations 43 (3), S. 239– 257.

Lambert, Susan (2000): Added benefits: The link between work-life benefits and organizational citizenship behavior. In: Academy of Management Journal (43), S. 801–815.

Lewin, Kurt (2012): Feldtheorie in den Sozialwissenschaften. Ausgewählte theoretische Schriften. 2. Aufl. Bern: Huber.

Lohmer, Mathias; Sprenger, Bernd; Wahlert, Jochen von (2012): Gesundes Führen. Life-Balance versus Burnout in Unternehmen. Stuttgart: Schattauer Verlag.

Lott, Yvonne (2019): Weniger Arbeit, Mehr Freizeit? Wofür Mütter und Väter flexible Arbeitsarrangements nutzen. Hg. v. WSI. Hans-Böckler- Stiftung. Online verfügbar unter https://www.boeckler.de/pdf/p_wsi_report_47_2019.pdf, zuletzt geprüft am 23.07.2019.

Luhmann, Niklas (1984): Soziale Systeme – Grundriss einer allgemeinen Theorie. Frankfurt: Suhrkamp-Verlag.

Luhmann, Niklas (2006): Organisation und Entscheidung 2. Auflage, Wiesbaden: VS Verlag für Sozialwissenschaften.

Luhmann, Niklas (2016): Der neue Chef. Berlin: Suhrkamp.

Michalk, Silke; Nieder, Peter (2007): Erfolgsfaktor Work-Life-Balance. 1. Auflage Weinheim: WILEY-VCH.

Minssen, Heiner (2019): Arbeit in der modernen Gesellschaft. Eine Einführung. 2. Aufl. 2019. Wiesbaden: Springer Fachmedien Wiesbaden (Studientexte zur Soziologie).

Mohe, Michael; Dorniok, Daniel; Kaiser, Stephan (2010): Auswirkungen von betrieblichen Work-Life Balance Maßnahmen auf Unternehmen. Stand der empirischen Forschung. In: Zeitschrift für Management 5 (2), S. 105–139.

Moldaschl, Manfred; Voß, Günter (2002): Subjektivierung von Arbeit. München; Mering: Rainer Hampp Verlag.

Opaschowski, Horst W. (1976): Pädagogik der Freizeit. Grundlegung für Wissenschaft und Praxis. Bad Heilbrunn: Julius Klinkhardt.

Papmeyer, Kathrin (2018): Work-Life-Balance im Kontext von mitarbeiterunterstützenden Dienstleistungen. Wiesbaden: Springer.

Peters, K. (2011): Indirekte Steuerung und interessierte Selbstgefährdung. Eine 180-Grad-Wende bei der betrieblichen Gesundheitsförderung. In: Nick Kratzer, Karina Becker, Stephan Hinrichs und Wolfgang Dunkel (Hg.): Arbeit und Gesundheit im Konflikt. Analysen und Ansätze für ein partizipatives Gesundheitsmanagement. 1. Auflage. Baden-Baden: Nomos Verlagsgesellschaft mbH & Co. KG, S. 105–122.

Pongratz, Hans J. (2003): Die Interaktionsordnung von Personalführung. Inszenierungsformen bürokratischer Herrschaft im Führungsalltag. Wiesbaden: VS Verlag für Sozialwissenschaften.

Quick, James Campbell; Tetrick, Lois E. (Hg.) (2003): Handbook of occupational health psychology. Washington: American Psychological Association.

Resch, M.; Bamberg, E. (2005): Work-Life-Balance – Ein neuer Blick auf die Vereinbarkeit von Berufs- und Privatleben? In: Zeitschrift für Arbeits- u. Organisationspsychologie. Göttingen, Stuttgart: Hogrefe. 49. Jg., Heft 4, S. 171–175.

Rexroth, Miriam; Nohe, Christoph; Velte, Julia; Sonntag, Karlheinz (2011): Work-Life-Balance - Was können Führungskräfte leisten? In:Sabina Jeschke (Hg.): Innovation im Dienste der Gesellschaft. Beiträge des 3. Zukunftsforums Innovationsfähigkeit des BMBF. Frankfurt am Main: Campus-Verl., S. 367–372.

Rockrohr, G. (2003): Was nützt Unternehmen die Work-Life-Balance? In: Personal-Zeitschrift für Human Resource Management (55), S. 14–18.

Rockrohr, G.; Glazinski, B. (2004): Work-Life Balance - aus praktischer Sicht. In: Uwe G. Seebacher und Gaby Klaus (Hg.): Handbuch Führungskräfte-Entwicklung. Theorie, Praxis und Fallstudien. Oberhaching: USP Publ. International, S. 363–370.

Sauer, Dieter (2018): Vermarktlichung und Vernetzung der Unternehmens- und Betriebsorganisation. In: Böhle, Fritz; Voß, G. Günter; Wachtler, Günther (Hg.): Handbuch Arbeitssoziologie. Band 2: Akteure und Institutionen. 2. Aufl. Wiesbaden: Springer Fachmedien, S. 177-207.

Schmidt, A.; Wilkens, U. (2009): Betriebliches Gesundheitsmanagement im Aufgabenfeld von Führungskräften. In: Lutz von Rosenstiel, Erika Regnet und Michel E. Domsch (Hg.): Führung von Mitarbeitern. Handbuch für erfolgreiches Personalmanagement. 6., überarb. Aufl. Stuttgart: Schäffer-Poeschel, S. 590–600.

Schmidt-Wellenburg, Christian (2009): Die neoliberale Gouvernementalität des Unternehmens – Management und Managementberatung zu Beginn des 21. Jahrhunderts. In: Zeitschrift für Soziologie (4), S. 320– 341.

Scholz, Christian (2018): Mogelpackung Work-Life-Blending. Warum dieses Arbeitsmodell gefährlich ist und welchen Gegenentwurf wir brauchen. 1. Auflage. Weinheim: Wiley-VCH Verlag GmbH & Co. KGaA.

Seebacher, Uwe G.; Klaus, Gaby (Hg.) (2004): Handbuch Führungskräfte- Entwicklung. Theorie, Praxis und Fallstudien. Oberhaching: USP Publ. International.

Seeberg, Ilka; Runde, Bernd (2004): Führung in Veränderung. In: Klaus Seebacher, Gaby Klaus (Hg.): Handbuch Führungskräfte-Entwicklung. Theorie, Praxis und Fallstudien. Oberhaching: USP Publ. International, S. 129-145.

Spatz, Maren (2014): Work-Life-Balance. Junge Führungskräfte als Grenzgänger zwischen verschiedenen Lebensbereichen. Augsburg: Rainer Hampp Verlag (Schriftenreihe zur interdisziplinären Arbeitswissenschaft, v.3).

Standen, P.; Daniels, K.; Lamond, D. (1999): The home as a workplace: Work-family interaction and psychological well-being in telework. In: Journal of Occupational Health Psychology (4), 368-381.

Stöckl, Juliane; Kindler, Sebastian; Mierzwa, Markus; Bartscher, Thomas (2009): Führungskräftestudie 2009. Work-Life-Balance und Führungsverhalten. Hg. v. Haufe Akademie. Hochschule Deggendorf. Freiburg. Online verfügbar unter https://www.haufe- akademie.de/downloadserver/Presse/Studie%20WLB.pdf, zuletzt geprüft am 14.08.2019.

Ulich, Eberhard; Wiese, Bettina S. (2011): Life Domain Balance. Konzepte zur Verbesserung der Lebensqualität. 1. Aufl. Wiesbaden: Gabler Ver- lag / Springer Fachmedien Wiesbaden GmbH Wiesbaden.

Von Rosenstiel, Lutz; Regnet, Erika; Domsch, Michel E. (Hg.) (2009): Führung von Mitarbeitern. Handbuch für erfolgreiches Personalmanagement. 6., überarb. Aufl. Stuttgart: Schäffer- Poeschel.

Waffenschmidt, Brigitte (2015): Familienleben und Erwerbsarbeit bei Doppel-karrierepaaren. Auswirkungen betrieblicher und staatlicher Maßnahmen. Wiesbaden: Springer VS.

Waltersbacher, Andrea; Zok, K.; Böttger, Sarah Jane; Klose, Joachim (2018): Sinnerleben bei der Arbeit und der Einfluss auf die Gesundheit. In: Bernhard Badura, Antje Ducki, Helmut Schröder, Joachim Klose und Markus Meyer (Hg.): Sinn erleben - Arbeit und Gesundheit. Berlin: Springer (Fehlzeiten-Report, 2018), S. 23– 47.

Watzlawick, Paul; Beavin, Janet; Jackson, Don (1969): Menschliche Kommunikation – Formen, Störungen, Pradoxien. Bern: Huber-Verlag.

Williams, Joan C.; Blair-Loy, Mary; Berdahl, Jennifer L. (2013): Cultural Schemas, Social Class and the Flexibility Stigma. In: Journal of Social Issues (69), S. 209–234.

Zok, K. (2011): Führungs verhalten und Auswirkungen auf die Gesundheit der Mitarbeiter – Analyse von WIdO-Mitarbeiter befragunge. In: Bernhard Badura, Antje Ducki und Helmut Schröder (Hg.): Führung und Gesundheit. Berlin, Heidelberg: Springer, S. 27–36.

Anhang

(Arbeits-) Soziologie	(Organisations-) Psychologie	(Personal-) Wirtschaft
„Work-Life-Balance [...] bezeichnet ein **bestimmtes Verhältnis** zwischen den **Bereichen Erwerbsarbeit einerseits und Privatleben**, d.h. Familie, Partnerschaft, ehrenamtlicher Tätigkeit sowie Freizeit, andererseits, das sowohl durch **dynamische Veränderlichkeit** als auch durch das **Bestreben nach Abstimmung und Ausgeglichenheit** geprägt ist. [...] Balance betont die Vorläufigkeit und Labilität der Arrangements und unterstreicht zudem die Handlungsperspektive, da sie einen **Zustand impliziert, der fortlaufend aktiv hergestellt und erhalten werden muss**" (Hirsch-Kreinsen / Minssen 2017, S. 325).	„Work-Life-Balance befasst sich mit der Entwicklung innerbetrieblicher Lösungen zur **Vereinbarkeit** von **Beruf und Familie**. [...] Darüber hinaus erstreckt sich das **Konzept** inhaltlich inzwischen über rein familiäre **Aspekte hinaus auf Themen wie Gesundheit und Fitness, soziale Kontakte, Freunde, Freizeit, Zufriedenheit am Arbeitsplatz**" (Häcker / Stapf 2009, S. 219f.).	-
„Bereicherndes oder Konfligierendes Zusammenspiel der Lebensbereiche Erwerbsarbeit und Privatleben" (Kratzer et. al. 2015, S. 16).	„Work-Life-Balance heißt den Menschen ganzheitlich zu betrachten (als Rollen und Funktionsträger) im beruflichen und privaten Bereich (der Lebens- und Arbeitswelt) und ihm dadurch die Möglichkeit zu geben, lebensphasen-spezifisch und individuell für beide Bereiche die anfallenden Verpflichtungen und Interessen erfüllen zu können, um so dauerhaft gesund, leistungsfähig, motiviert und aus-geglichen zu sein" (Freier 2005, S. 21).	Work-Life-Balance wird verstanden „als eine Strategie, deren Ziel es ist, Zufriedenheit und Leistungsfähigkeit von Mitarbeitern langfristig zu erhalten. Dies erfolgt durch die Befriedigung der menschlichen Grundbedürfnisse nach Sicherheit, Gesundheit, sozialer Anerkennung und sozialen Beziehungen sowie Selbstverwirklichung. Work-Life-Balance fügt die Aspekte Gesundheit, Zeitmanagement, Chancengleichheit, Selbstverwirklichung und Familienfreundlichkeit in einem ganzheitlichen Konzept zusammen" (vgl. Klimpel / Schütte 2006, S. 32).

Tabelle 1: Diverse Definitionen von Work-Life-Balance
Quelle: Eigene Darstellung

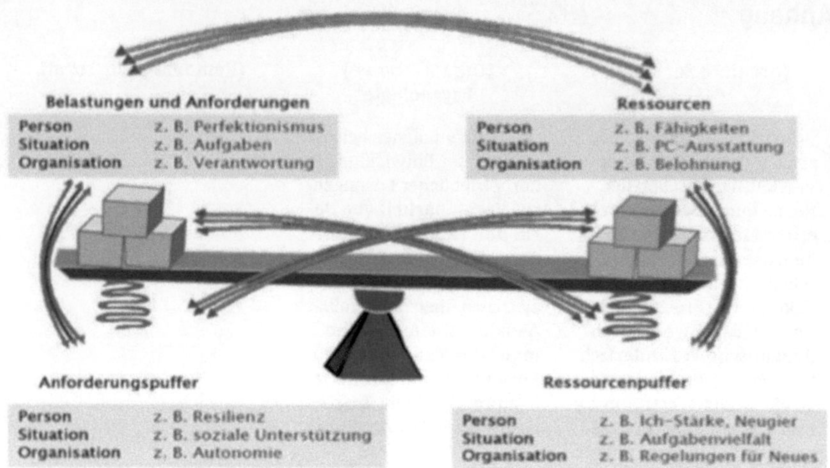

Abbildung 1: Das Wippen-Modell nach Kastner
Quelle: Kastner 2004, S. 38.

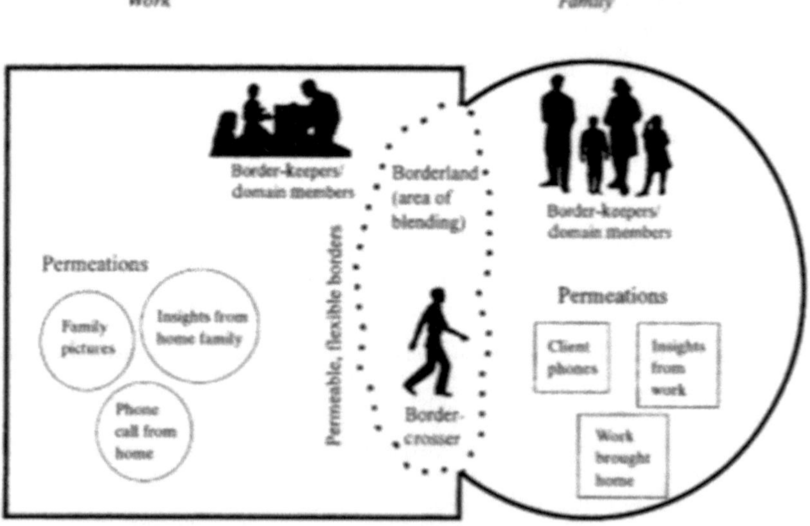

Abbildung 2: Sue Campbell Clarks Border Theory
Quelle: Clark 2000, S. 754.

Quelle	Strukturelle Ebene (Arbeitsbe-dingungen)	Kommunika-tionsebene (KommunikationEmpathie und Commitment)	Verhaltens-ebene (Vorbild-funktion, SelfCare und StaffCare)
Kastner 2013	„Work Life Balance umspannt in diesem Zusammenhang zunächst Faktoren der **Arbeitsgestaltung (was, wo, wann, und wie viel wird gearbeitet).** Führungskräfte haben daher die Aufgabe, die Rahmenbedingungen der Arbeit für ihre Mitarbeiter so zu gestalten, dass ein gelungener Ausgleich zwischen Arbeit und Freizeit nicht von vornherein verhindert wird." (S. 312)	„Gleichzeitig sollten sie versuchen ihre Mitarbeiter indirekt, nämlich durch ihre Vorbildfunktion, bzw. direkt, z.B. durch **gezieltes Nachfragen und Zuhören,** zu einer Reflexion und ggf. zu einer Verbesserung ihrer Work Life Balance anzuleiten." (S. 312)	„Gleichzeitig sollten sie versuchen ihre Mitarbeiter indirekt, nämlich durch ihre **Vorbildfunktion,** bzw. direkt, z.B. durch gezieltes Nachfragen und Zuhören, zu einer Reflexion und ggf. zu einer Verbesserung ihrer Work Life Balance anzuleiten." (S. 312)
Thompson 2008 – zitiert nach Papmeyer 2018		„Auf der ersten Ebene befinden sich die zugrundeliegenden Annahmen, zu denen das Verständnis von Erfolg des Einzelnen sowie des Unternehmens ebenso gehört wie die Frage, ob **Anwesenheitszeiten mit dem Grad der Ausprägung des Commitments gleichzusetzen sind,** und schließlich, welches Verständnis eines „idealen Arbeitnehmers" bzw. des Stellenwerts der (beruflichen) Arbeit herrscht. Die zweite Ebene beschreibt die Organisation und die in ihr herrschende Kultur in Verbindung mit der Personalstrategie und der Zielsetzung von Work-Life-Balance Programmen." (S. 121-122).	

Quelle	Strukturelle Ebene (Arbeitsbe-dingungen)	Kommunika-tionsebene (KommunikationEmpathie und Commitment)	Verhaltens-ebene (Vorbild-funktion, SelfCare und StaffCare)
Blessin / Wick 2017	„Um die MitarbeiterInnen je nach ihrem individuellen Bedarf in ihrer Work-Life-Balance zu unterstützen, sind nicht nur Fragen des **Arbeitsorts und der Arbeitszeit** relevant oder möglich, sondern die Verfügung über weitere Ressourcen wie **Handlungs- und Entscheidungsspielräume** [...] und nicht zuletzt Geld" (S. 298)	„Führungskräfte haben dabei insbesondere die Aufgabe, als **Diagnostiker, Berater und Unterstützer** zu fungieren" (S. 297)	
Felfe et al. 2017	„(2) Indirekter Einfluss durch Gestaltung der **Arbeitsbedingungen** (z.B. Arbeitsgestaltung" (S. 242)	„(1) Direkter Einfluss auf **Kommunikation und Beziehung (z.B. Wertschätzung, Sinnvermittlung)**" (S. 242)	„(3) Indirekter Einfluss durch eigene Überforderung und Belastung (z.B. eigene Überforderung), (4) Direkter Einfluss durch **Vorbildfunktion** (z.B. Glaubwürdigkeit)." (S. 242)
Franke et al. 2011 – zitiert nach Franke/ Felfe 2011	„Die direkten Vorgesetzten haben zudem Einfluss auf die **Gestaltung der Arbeit und des Arbeitsumfeldes** (z. B. Aufgabenverteilung, Arbeitszeitenregelungen, Zielvorgaben). Im Sinne der gesetzlichen Fürsorgepflicht heißt dies vor allem, gesundheitsförderliche Arbeitsbedingungen zu schaffen, also gesundheitliche Risiken und Belastungen am Arbeitsplatz zu minimieren und Ressourcen zur Stressbewältigung zu stärken." (S. 4).	„1) Durch direkte **Kommunikation und Interaktion** mit seinen Mitarbeitern kann der Vorgesetzte unmittelbar Einfluss nehmen. Dabei sind **Wertschätzung, Anerkennung und soziale Unterstützung** besonders bedeutsam für das Wohlbefinden und die Gesundheit der Mitarbeiter." (S. 4)	3) Die dritte und bislang am wenigsten beachtete Einflussnahme geschieht dadurch, dass die Mitarbeiter zu Gesundheitshandeln motiviert werden und die direkten Vorgesetzten dabei eine **Vorbildfunktion** einnehmen. Hierbei ist entscheidend, mit welchem Interesse und Engagement Vorgesetzte ihre Fürsorgepflicht wahrnehmen und wie konsequent sie Maßnahmen des Gesundheitsmanagements in ihrem Bereich umsetzen und „leben". (S. 4).

Quelle	Strukturelle Ebene (Arbeitsbe-dingungen)	Kommunika-tionsebene (KommunikationEmpathie und Commitment)	Verhaltens-ebene (Vorbild-funktion, SelfCare und StaffCare)
Spatz 2014		„Das „Fördern" einer Work-Life-Balance bezieht sich auf die Verantwortungsfunktion, die eine Führungskraft gegenüber ihren Mitarbeitern hat. Infolgedessen hat eine Führungskraft die jeweiligen Bedürfnisse und Verpflichtungen seitens der Mitarbeiter zu kennen und zu berücksichtigen sowie sie **aktiv dabei zu unterstützen**, eine Vereinbarkeit der verschiedenen Lebensbereiche zu erhalten" (S. 66)	„[...] sowie andererseits in ihrer **Vorbild- und Verantwortungsfunktion** gegenüber ihren Mitarbeitern, deren Arbeitsqualität, Mitarbeiterzufriedenheit und -bindung beeinflussen und zudem in ihrer Rolle als beruflicher Vorgesetzter (beruflicher Grenzwächter) die Work-Life-Balance ihrer Mitarbeiter beeinflussen." (S. 61)

Quelle	Strukturelle Ebene (Arbeitsbe-dingungen)	Kommunika-tionsebene (KommunikationEmpathie und Commitment)	Verhaltens-ebene (Vorbild-funktion, SelfCare und StaffCare)
Rexroth et al. 2011		„Neben der Bereitstellung eines positiven Vorbilds können Führungskräfte ihren Mitarbeiter/innen durch **direkte Unterstützung** dabei helfen, eine Vereinbarkeit von Arbeit und Privatleben zu erzielen und somit wiederum zu deren Zufriedenheit mit der WLB beitragen" (S. 369)	„Lerntheoretischen und sozial-kognitiven Ansätzen zufolge (Bandura 1979) haben Führungskräfte, die in Form von beobachtbarem Verhalten ein **Vorbild** für eine gelungene WLB darstellen, wiederum einen positiven Einfluss auf die WLB ihrer Mitarbeiter/innen (vgl. Hammer u.a. 2009). Die Erklärung für diesen Effekt besteht darin, dass die Beobachtung erfolgreicher Rollenmodelle die Mitarbeiter/innen dazu anregt, eigene Verhaltensweisen und Strategien zu entwickeln, die zu dem angestrebten Resultat hinsichtlich der WLB führen. Auch im Hinblick auf eine Verankerung von WLB in der Kultur von Unternehmen ist das Bekenntnis von Führungskräften zu einem Ausgleich zwischen Arbeit und Privatleben in Wort und Verhalten von zentraler Bedeutung." (S. 369).

Quelle	Strukturelle Ebene (Arbeitsbe-dingungen)	Kommunika-tionsebene (KommunikationEmpathie und Commitment)	Verhaltens-ebene (Vorbild-funktion, SelfCare und StaffCare)
Lohmer et al. 2012			„An der Verhaltensweisen, den gelebten Einstellungen und der Werten der **Führung orientieren sich die Mitarbeiter.** Das gilt auch und insbesondere für den Umgang mit Belastung, Stress, und den Umgang mit Arbeitszeiten. Die Führungskraft prägt durch ihren Führungsstil entscheidend die Kultur und das Miteinander in Team und Abteilung." (S. 87)
Collatz/ Gudat 2011		Führungskräfte, die für die Bedeutsamkeit dieses Themas sensibilisiert wurden, können zu Multiplikatoren werden, indem sie im Rahmen von **Mitarbeitergesprächen** oder Abteilungsbesprechungen dieses Thema fokussieren. Dies ist umso wahrscheinlicher, je früher die Führungskräfte in den Prozess mit einbezogen werden und je deutlicher der Nutzen von Work-Life-Balance Maßnahmen **kommuniziert** wird." (S. 39)	

Quelle	Strukturelle Ebene (Arbeitsbe-dingungen)	Kommunika-tionsebene (KommunikationEmpathie und Commitment)	Verhaltens-ebene (Vorbild-funktion, SelfCare und StaffCare)
Rockrohr 2003		„Es geht hier vor allem um die Sensibilisierung der Führungskräfte. Ziel ist es, dass Führungskräfte lernen, **Symptome und Signale stressbedingter Überlastungen der Mitarbeiter zu erkennen** und sich mit diesen auseinanderzusetzen. Im dritten Schritt sollen in einem freien Diskurs Probleme innerhalb der Arbeitsabläufe identifiziert werden. Rockrohr (2003) sieht Work-Life-Balance als Möglichkeit zur Begleitung einer umfassenden Zusammenarbeit und Führungskultur. (S. 14ff.)	

Quelle	Strukturelle Ebene (Arbeitsbe-dingungen)	Kommunika-tionsebene (KommunikationEmpathie und Commitment)	Verhaltens-ebene (Vorbild-funktion, SelfCare und StaffCare)
Blaho-poulou 2013	„Entscheidend dafür, ob sie die Organisation als unterstützend bei der Work-Life-Balance wahrnehmen, ist aber nicht die Bewertung der Maßnahmen, sondern die Führungskraft. Hat die oder der Vorgesetzte ein offenes Ohr für private Schwierigkeiten und **unterstützt die Nutzung der Unternehmensmaßnahmen,** dann nehmen MitarbeiterInnen das Unternehmen als familienfreundlich wahr. Signalisiert der Vorgesetzte jedoch, dass die Arbeit stets vorgeht, dass die Anwesenheit am Arbeitsplatz und nicht die Leistung bewertet wird, schlägt sich das negativ auf das Bild des Unternehmens nieder." (S. 217)	„Entscheidend dafür, ob sie die Organisation als unterstützend bei der Work-Life-Balance wahrnehmen, ist aber nicht die Bewertung der Maßnahmen, sondern die Führungskraft. **Hat die oder der Vorgesetzte ein offenes Ohr für private Schwierigkeiten** und unterstützt die Nutzung der Unternehmensmaßnahmen, dann nehmen MitarbeiterInnen das Unternehmen als familienfreundlich wahr. Signalisiert der Vorgesetzte jedoch, dass die Arbeit stets vorgeht, dass die Anwesenheit am Arbeitsplatz und nicht die Leistung bewertet wird, schlägt sich das negativ auf das Bild des Unternehmens nieder." (S. 217)	
Clark 2000	„Most supervisors have enough discretion given to them by organizations that they can encourage or discourage employees from taking advantage of leave policies. **They can bend rules or interpret them in a way that accomodates indivuals'** family situations or they can chosse to be less flexible." (S. 766)	„Most supervisors have enough discretion given to them by organizations that **they can encourage or discourage employees from taking advantage of leave policies.** They can bend rules or interpret them in a way that accomodates indivuals' family situations or they can chosse to be less flexible." (S. 766)	

Tabelle 2: Einflussmöglichkeiten von Führungskräften auf die Work-Life-Balance der Mitarbeiter*innen

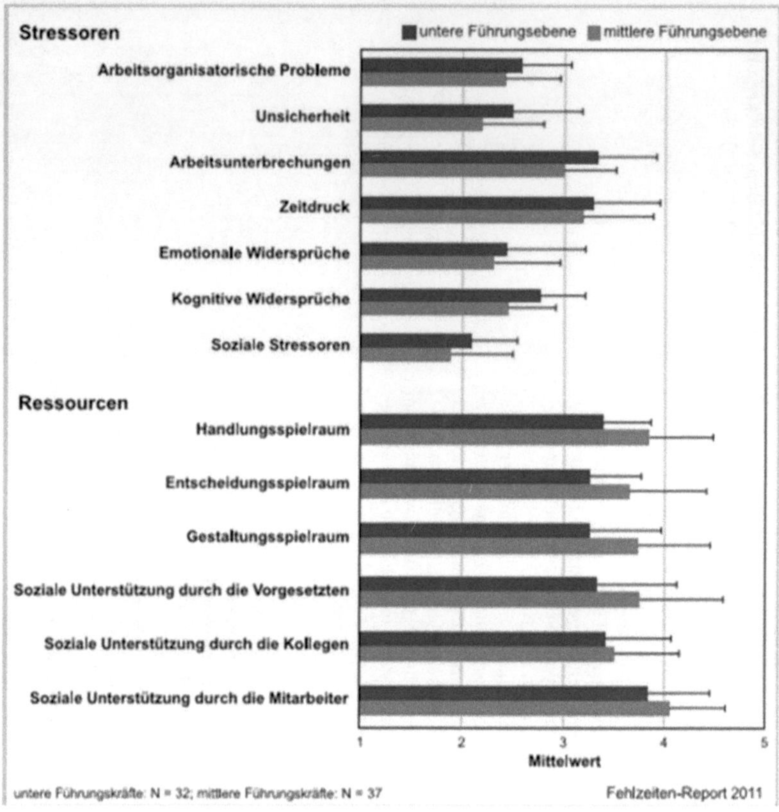

Abbildung 3: Ressourcen und Stressoren von Führungskräften des unteren und mittleren Managements
Quelle: Eigene Darstellung
Quelle: Badura et al. 2011, S. 75.

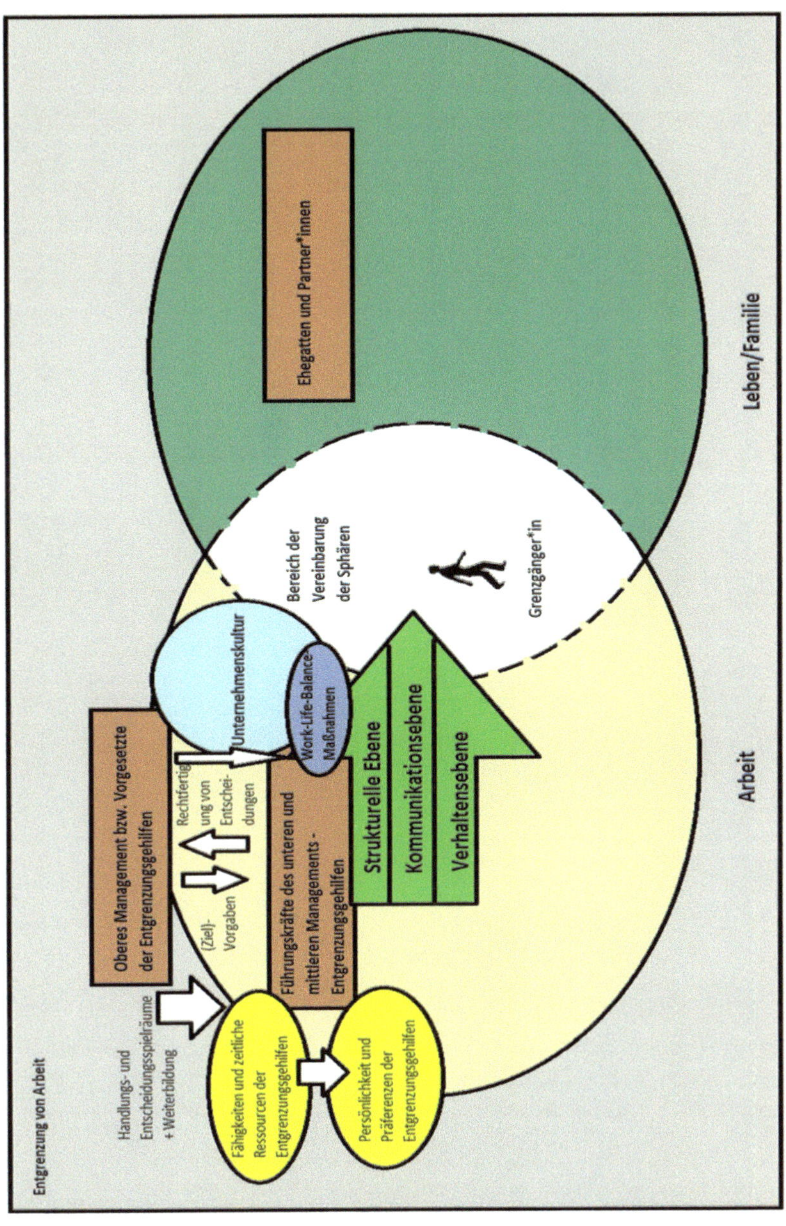

Abbildung 4: Um die gewonnenen Erkenntnisse ergänzte Version von Clarks Border Theory

Quelle: Eigene Darstellung in Anlehnung an Clark 2000, S. 756.